Henry H. Benedict

The Coal Dealer's Ready-Reckoner

Henry H. Benedict

The Coal Dealer's Ready-Reckoner

ISBN/EAN: 9783337038663

Printed in Europe, USA, Canada, Australia, Japan

Cover: Foto ©Suzi / pixelio.de

More available books at **www.hansebooks.com**

THE

Coal Dealer's

By HENRY H. BENEDICT.

New Haven:
FROM PRESS OF HOGGSON & ROBINSON.
1870.

INTRODUCTION.

This work has been prepared for the purpose of facilitating the computation of coal in quantities varying from ten lbs. to three hundred tons, and in price from .05 to 15.00 per gross and net tons.

Two Reduction Tables have also been prepared, wherein quantities and prices in gross tons are reduced to their equivalents in net tons.

The utmost pains have been taken to insure accuracy, and to render the several tables practicable, comprehensive, and perfectly simple in their arrangement.

An explanation precedes each table, so that no difficulty will be experienced in understanding the method of proceeding which is necessary to obtain a desired result, and a little familiarity and practice with the tables will enable any one to easily and rapidly ascertain any result which is contained in this work.

CONTENTS.

	Pages.
TABLE No. 1.—For computation of 10 lbs. to 2240 lbs. of coal at gross ton prices, ...	1—45
TABLE No. 2.—For computation of 10 lbs. to 2000 lbs. at net ton prices, ...	46—88
TABLE No. 3.—Quantities in gross tons reduced to their equivalents in net tons, ...	89—94
TABLE No. 4.—Prices in gross tons reduced to their equivalents in net tons, ...	95—98
TABLE No. 5.—For computation of $\frac{1}{10}$ of a ton to $\frac{19}{20}$ of a ton at 3.90 to 7.35 per ton, ...	99—102
TABLE No. 6.—For computation of 1 ton to 300 tons, at 3.90 to 7.35 per ton, . . .	103—134
TABLE No. 7.—For computation of 1 ton to 100 tons, at 7.40 to 10.85 per ton, ...	135—146

Table No. 1.

For computation of 10 lbs. to 2240 lbs. of Coal at a given price per gross ton.

The figures on the side, .05, .10, .15, .20, *&c., denote price per ton.*

The figures on the top, 10, 20, 30, *&c., denote number of lbs.*

To ascertain the cost of a given number of lbs. find the number of lbs. over the top, and the price per ton on the side, severally in dollars and cents.

EXAMPLE.—What is the cost of 1890 lbs. of coal, at 7.45 per gross ton? On page 38 you will find the 1890 lbs. column. On the side you will notice .45, then opposite this in the 1890 lbs. column you will find the price of 1890 lbs., at 45 cents, to be .379. You then, in the same manner, find that 1890 lbs., at 7.00, is 5.905. By adding .379 to 5.905, the cost of 1890 lbs. at 7.45 is ascertained to be 6.28.

(1)

	10	20	30	40	50
.05	.0002	.0004	.0006	.0008	.0011
.10	.0004	.0008	.0013	.0017	.0022
.15	.0006	.0013	.0020	.0026	.0033
.20	.0008	.0017	.0026	.0035	.0044
.25	.0011	.0022	.0033	.0044	.0055
.30	.0013	.0026	.0040	.0053	.0066
.35	.0015	.0031	.0046	.0062	.0078
.40	.0017	.0035	.0053	.0071	.0089
.45	.0020	.0040	.0060	.0080	.0100
.50	.0022	.0044	.0066	.0089	.0111
.55	.0024	.0049	.0073	.0098	.0122
.60	.0026	.0053	.0080	.0107	.0133
.65	.0029	.0058	.0087	.0116	.0145
.70	.0031	.0062	.0093	.0124	.0156
.75	.0033	.0066	.0100	.0133	.0167
.80	.0035	.0071	.0107	.0142	.0178
.85	.0037	.0075	.0113	.0151	.0189
.90	.0040	.0080	.0120	.0160	.0200
.95	.0042	.0084	.0127	.0169	.0212
1.00	.0044	.0089	.0133	.0178	.0223
2.00	.0089	.0178	.0267	.0357	.0446
3.00	.0133	.0267	.0401	.0535	.0669
4.00	.0178	.0357	.0535	.0714	.0892
5.00	.0223	.0446	.0669	.0892	.1116
6.00	.0267	.0535	.0803	.1071	.1339
7.00	.0312	.0624	.0937	.1249	.1562
8.00	.0357	.0714	.1071	.1428	.1785
9.00	.0401	.0803	.1205	.1607	.2008
10.00	.0446	.0892	.1339	.1785	.2232
11.00	.0491	.0982	.1473	.1964	.2455
12.00	.0535	.1071	.1607	.2142	.2678
13.00	.0580	.1160	.1740	.2321	.2901
14.00	.0624	.1249	.1874	.2499	.3124
15.00	.0669	.1339	.2008	.2678	.3348

(4)

	160	170	180	190	200
.05	.0035	.0037	.0040	.0042	.0044
.10	.0071	.0075	.0080	.0084	.0089
.15	.0107	.0113	.0120	.0127	.0133
.20	.0142	.0151	.0160	.0169	.0178
.25	.0178	.0189	.0200	.0212	.0223
.30	.0214	.0227	.0241	.0254	.0267
.35	.0249	.0265	.0281	.0296	.0312
.40	.0285	.0303	.0321	.0339	.0357
.45	.0321	.0341	.0361	.0381	.0401
.50	.0357	.0379	.0401	.0424	.0446
.55	.0392	.0417	.0441	.0466	.0491
.60	.0428	.0455	.0482	.0508	.0535
.65	.0464	.0493	.0522	.0551	.0580
.70	.0499	.0531	.0562	.0593	.0624
.75	.0535	.0569	.0602	.0636	.0669
.80	.0571	.0607	.0642	.0678	.0714
.85	.0607	.0645	.0682	.0720	.0758
.90	.0642	.0682	.0723	.0763	.0803
.95	.0678	.0720	.0763	.0805	.0848
1.00	.0714	.0758	.0803	.0848	.0892
2.00	.1428	.1517	.1607	.1696	.1785
3.00	.2142	.2276	.2410	.2544	.2678
4.00	.2856	.3035	.3214	.3392	.3571
5.00	.3571	.3794	.4017	.4240	.4464
6.00	.4285	.4553	.4821	.5088	.5356
7.00	.4999	.5312	.5624	.5937	.6249
8.00	.5713	.6071	.6428	.6785	.7142
9.00	.6428	.6829	.7231	.7633	.8035
10.00	.7142	.7588	.8035	.8481	.8928
11.00	.7856	.8347	.8838	.9329	.9820
12.00	.8570	.9106	.9642	1.0177	1.0713
13.00	.9285	.9865	1.0445	1.1026	1.1606
14.00	.9999	1.0624	1.1249	1.1874	1.2499
15.00	1.0713	1.1383	1.2052	1.2722	1.3392

	210	220	230	240	250
.05	.0046	.0049	.0051	.0053	.0055
.10	.0093	.0098	.0102	.0107	.0111
.15	.0140	.0147	.0154	.0160	.0167
.20	.0187	.0196	.0205	.0214	.0223
.25	.0234	.0245	.0256	.0267	.0279
.30	.0281	.0294	.0308	.0321	.0334
.35	.0328	.0343	.0359	.0374	.0390
.40	.0374	.0392	.0410	.0428	.0446
.45	.0421	.0441	.0462	.0482	.0502
.50	.0468	.0491	.0513	.0535	.0558
.55	.0515	.0540	.0564	.0589	.0613
.60	.0562	.0589	.0616	.0642	.0669
.65	.0609	.0638	.0667	.0696	.0725
.70	.0656	.0687	.0718	.0749	.0781
.75	.0703	.0736	.0770	.0803	.0837
.80	.0749	.0785	.0821	.0857	.0892
.85	.0796	.0834	.0872	.0910	.0948
.90	.0843	.0883	.0924	.0964	.1004
.95	.0890	.0932	.0975	.1017	.1060
1.00	.0937	.0982	.1026	.1071	.1116
2.00	.1874	.1964	.2053	.2142	.2232
3.00	.2812	.2946	.3080	.3214	.3348
4.00	.3749	.3928	.4106	.4285	.4464
5.00	.4687	.4910	.5133	.5356	.558
6.00	.5624	.5892	.6160	.6428	.6696
7.00	.6562	.6874	.7187	.7499	.7812
8.00	.7499	.7856	.8213	.8570	.8928
9.00	.8436	.8838	.9240	.9642	1.0044
10.00	.9374	.9820	1.0267	1.0713	1.116
11.00	1.0311	1.0802	1.1293	1.1784	1.2276
12.00	1.1249	1.1784	1.2320	1.2856	1.3392
13.00	1.2186	1.2767	1.3347	1.3927	1.4508
14.00	1.3124	1.3749	1.4374	1.4999	1.5624
15.00	1.4061	1.4731	1.5400	1.6070	1.674

	260	270	280	290	300
.05	.0058	.0060	.0062	.0064	.0066
.10	.0116	.0120	.0124	.0129	.0133
.15	.0174	.0180	.0187	.0194	.0200
.20	.0232	.0241	.0249	.0258	.0267
.25	.0290	.0301	.0312	.0323	.0334
.30	.0348	.0361	.0374	.0388	.0401
.35	.0406	.0421	.0437	.0453	.0468
.40	.0464	.0482	.0499	.0517	.0535
.45	.0522	.0542	.0562	.0582	.0602
.50	.0580	.0602	.0624	.0647	.0669
.55	.0638	.0662	.0687	.0712	.0736
.60	.0696	.0723	.0749	.0776	.0803
.65	.0754	.0783	.0812	.0841	.0870
.70	.0812	.0843	.0874	.0906	.0937
.75	.0870	.0903	.0937	.0970	.1004
.80	.0928	.0964	.0999	.1035	.1071
.85	.0986	.1024	.1062	.1100	.1138
.90	.1044	.1084	.1124	.1165	.1205
.95	.1102	.1145	.1187	.1229	.1272
1.00	.1160	.1205	.1249	.1294	.1339
2.00	.2321	.2410	.2499	.2589	.2678
3.00	.3481	.3615	.3749	.3883	.4017
4.00	.4642	.4821	.4999	.5178	.5356
5.00	.5803	.6026	.6249	.6472	.6696
6.00	.6963	.7231	.7499	.7767	.8035
7.00	.8124	.8436	.8749	.9061	.9374
8.00	.9285	.9642	.9999	1.0356	1.0713
9.00	1.0445	1.0847	1.1249	1.1651	1.2052
10.00	1.1606	1.2052	1.2499	1.2945	1.3392
11.00	1.2767	1.3258	1.3749	1.4240	1.4731
12.00	1.3927	1.4463	1.4999	1.5534	1.6070
13.00	1.5088	1.5668	1.6248	1.6829	1.7409
14.00	1.6248	1.6873	1.7498	1.8123	1.8748
15.00	1.7409	1.8079	1.8748	1.9418	2.0088

	310	320	330	340	350
.05	.0069	.0071	.0073	.0075	.0078
.10	.0138	.0142	.0147	.0151	.0156
.15	.0207	.0214	.0220	.0227	.0234
.20	.0276	.0285	.0294	.0303	.0312
.25	.0345	.0357	.0368	.0379	.0390
.30	.0415	.0428	.0441	.0455	.0468
.35	.0484	.0499	.0515	.0531	.0546
.40	.0553	.0571	.0589	.0607	.0624
.45	.0622	.0642	.0662	.0682	.0703
.50	.0691	.0714	.0736	.0758	.0781
.55	.0761	.0785	.0810	.0834	.0859
.60	.0830	.0857	.0883	.0910	.0937
.65	.0899	.0928	.0957	.0986	.1015
.70	.0968	.0999	.1031	.1062	.1093
.75	.1037	.1071	.1104	.1138	.1171
.80	.1107	.1142	.1178	.1214	.1249
.85	.1176	.1214	.1252	.1290	.1328
.90	.1245	.1285	.1325	.1365	.1406
.95	.1314	.1357	.1399	.1441	.1484
1.00	.1383	.1428	.1473	.1517	.1562
2.00	.2767	.2856	.2946	.3035	.3124
3.00	.4151	.4285	.4419	.4553	.4687
4.00	.5535	.5713	.5892	.6071	.6249
5.00	.6919	.7142	.7365	.7588	.7812
6.00	.8303	.8570	.8838	.9106	.9374
7.00	.9686	.9999	1.0311	1.0624	1.0936
8.00	1.1070	1.1427	1.1784	1.2142	1.2499
9.00	1.2454	1.2856	1.3258	1.3659	1.4061
10.00	1.3838	1.4284	1.4731	1.5177	1.5624
11.00	1.5222	1.5713	1.6204	1.6695	1.7186
12.00	1.6606	1.7141	1.7677	1.8213	1.8748
13.00	1.7989	1.8570	1.9150	1.9730	2.0311
14.00	1.9373	1.9998	2.0623	2.1248	2.1873
15.00	2.0757	2.1427	2.2096	2.2766	2.3436

	360	370	380	390	400
.05	.0080	.0082	.0084	.0087	.0089
.10	.0160	.0165	.0169	.0174	.0178
.15	.0241	.0247	.0254	.0261	.0267
.20	.0321	.0330	.0339	.0348	.0357
.25	.0401	.0412	.0424	.0435	.0446
.30	.0482	.0495	.0508	.0522	.0535
.35	.0562	.0578	.0593	.0609	.0624
.40	.0642	.0660	.0678	.0696	.0714
.45	.0723	.0743	.0763	.0783	.0803
.50	.0803	.0825	.0848	.0870	.0892
.55	.0883	.0908	.0932	.0957	.0982
.60	.0964	.0991	.1017	.1044	.1071
.65	.1044	.1073	.1102	.1131	.1160
.70	.1124	.1156	.1187	.1218	.1249
.75	.1205	.1238	.1272	.1305	.1339
.80	.1285	.1321	.1357	.1392	.1428
.85	.1365	.1403	.1441	.1479	.1517
.90	.1446	.1486	.1526	.1566	.1607
.95	.1526	.1569	.1611	.1653	.1696
1.00	.1607	.1651	.1696	.1740	.1785
2.00	.3214	.3303	.3392	.3481	.3571
3.00	.4821	.4955	.5088	.5222	.5356
4.00	.6428	.6606	.6785	.6963	.7142
5.00	.8035	.8258	.8481	.8704	.8928
6.00	.9642	.9910	1.0177	1.0445	1.0713
7.00	1.1249	1.1561	1.1874	1.2186	1.2499
8.00	1.2856	1.3213	1.3570	1.3927	1.4284
9.00	1.4463	1.4865	1.5266	1.5668	1.6070
10.00	1.6070	1.6516	1.6963	1.7409	1.7856
11.00	1.7677	1.8168	1.8659	1.9150	1.9641
12.00	1.9284	1.9820	2.0355	2.0891	2.1427
13.00	2.0891	2.1471	2.2052	2.2632	2.3212
14.00	2.2498	2.3123	2.3748	2.4373	2.4998
15.00	2.4105	2.4775	2.5444	2.6114	2.6784

	410	**420**	**430**	**440**	**450**
.05	.0091	.0093	.0095	.0098	.0100
.10	.0183	.0187	.0191	.0196	.0200
.15	.0274	.0281	.0287	.0294	.0301
.20	.0366	.0374	.0383	.0392	.0401
.25	.0457	.0468	.0479	.0491	.0502
.30	.0549	.0562	.0575	.0589	.0602
.35	.0640	.0656	.0671	.0687	.0703
.40	.0732	.0749	.0767	.0785	.0803
.45	.0823	.0843	.0863	.0883	.0903
.50	.0915	.0937	.0959	.0982	.1004
.55	.1006	.1031	.1055	.1080	.1104
.60	.1098	.1124	.1151	.1178	.1205
.65	.1189	.1218	.1247	.1276	.1305
.70	.1281	.1312	.1343	.1374	.1406
.75	.1372	.1406	.1439	.1473	.1506
.80	.1464	.1499	.1535	.1571	.1607
.85	.1555	.1593	.1631	.1669	.1707
.90	.1647	.1687	.1727	.1767	.1807
.95	.1738	.1781	.1823	.1865	.1908
1.00	.1830	.1874	.1919	.1964	.2008
2.00	.3660	.3749	.3839	.3928	.4017
3.00	.5490	.5624	.5758	.5892	.6026
4.00	.7320	.7499	.7678	.7856	.8035
5.00	.9151	.9374	.9597	.9820	1.0044
6.00	1.0981	1.1249	1.1517	1.1784	1.2052
7.00	1.2811	1.3124	1.3436	1.3749	1.4061
8.00	1.4641	1.4999	1.5356	1.5713	1.6070
9.00	1.6472	1.6873	1.7275	1.7677	1.8079
10.00	1.8302	1.8748	1.9195	1.9641	2.0088
11.00	2.0132	2.0623	2.1114	2.1605	2.2096
12.00	2.1962	2.2498	2.3034	2.3569	2.4105
13.00	2.3793	2.4373	2.4953	2.5534	2.6114
14.00	2.5623	2.6248	2.6873	2.7498	2.8123
15.00	2.7453	2.8123	2.8792	2.9462	3.0132

	460	470	480	490	500
.05	.0102	.0104	.0107	.0109	.0111
.10	.0205	.0209	.0214	.0218	.0223
.15	.0308	.0314	.0321	.0328	.0334
.20	.0410	.0419	.0428	.0437	.0446
.25	.0513	.0524	.0535	.0546	.0558
.30	.0616	.0629	.0642	.0656	.0669
.35	.0718	.0734	.0749	.0765	.0781
.40	.0821	.0839	.0857	.0874	.0892
.45	.0924	.0944	.0964	.0984	.1004
.50	.1026	.1049	.1071	.1093	.1116
.55	.1129	.1153	.1178	.1203	.1227
.60	.1232	.1258	.1285	.1312	.1339
.65	.1334	.1363	.1392	.1421	.1450
.70	.1437	.1468	.1499	.1531	.1562
.75	.1540	.1573	.1607	.1640	.1674
.80	.1642	.1678	.1714	.1749	.1785
.85	.1745	.1783	.1821	.1859	.1897
.90	.1848	.1888	.1928	.1968	.2008
.95	.1950	.1993	.2035	.2077	.2120
1.00	.2053	.2098	.2142	.2187	.2232
2.00	.4106	.4196	.4285	.4374	.4464
3.00	.6160	.6294	.6428	.6562	.6696
4.00	.8213	.8392	.8570	.8749	.8928
5.00	1.0267	1.0490	1.0713	1.0936	1.1160
6.00	1.2320	1.2588	1.2856	1.3124	1.3392
7.00	1.4374	1.4686	1.4999	1.5311	1.5624
8.00	1.6427	1.6784	1.7141	1.7498	1.7856
9.00	1.8480	1.8882	1.9284	1.9686	2.0088
10.00	2.0534	2.0980	2.1427	2.1873	2.2320
11.00	2.2587	2.3078	2.3569	2.4060	2.4552
12.00	2.4641	2.5176	2.5712	2.6248	2.6784
13.00	2.6694	2.7275	2.7855	2.8435	2.9016
14.00	2.8748	2.9373	2.9998	3.0623	3.1248
15.00	3.0801	3.1471	3.2140	3.2810	3.3480

	510	520	530	540	550
.05	.0113	.0116	.0118	.0120	.0122
.10	.0227	.0232	.0236	.0241	.0245
.15	.0341	.0348	.0354	.0361	.0368
.20	.0455	.0464	.0473	.0482	.0491
.25	.0569	.0580	.0591	.0602	.0613
.30	.0682	.0696	.0709	.0723	.0736
.35	.0796	.0812	.0828	.0843	.0859
.40	.0910	.0928	.0946	.0964	.0982
.45	.1024	.1044	.1064	.1084	.1104
.50	.1138	.1160	.1182	.1205	.1227
.55	.1252	.1276	.1301	.1325	.1350
.60	.1365	.1392	.1419	.1446	.1473
.65	.1479	.1508	.1537	.1566	.1595
.70	.1593	.1624	.1656	.1687	.1718
.75	.1707	.1740	.1774	.1807	.1841
.80	.1821	.1857	.1892	.1928	.1964
.85	.1935	.1973	.2011	.2048	.2086
.90	.2048	.2089	.2129	.2169	.2209
.95	.2162	.2205	.2247	.2290	.2332
1.00	.2276	.2321	.2365	.2410	.2455
2.00	.4553	.4642	.4731	.4821	.4910
3.00	.6829	.6963	.7097	.7231	.7365
4.00	.9106	.9285	.9463	.9642	.9820
5.00	1.1383	1.1606	1.1829	1.2052	1.2276
6.00	1.3659	1.3927	1.4195	1.4463	1.4731
7.00	1.5936	1.6248	1.6561	1.6873	1.7186
8.00	1.8213	1.8570	1.8927	1.9284	1.9641
9.00	2.0489	2.0891	2.1293	2.1695	2.2096
10.00	2.2766	2.3212	2.3659	2.4105	2.4552
11.00	2.5043	2.5534	2.6025	2.6516	2.7007
12.00	2.7319	2.7855	2.8391	2.8926	2.9462
13.00	2.9596	3.0176	3.0756	3.1337	3.1917
14.00	3.1872	3.2497	3.3122	3.3747	3.4372
15.00	3.4149	3.4819	3.5488	3.6158	3.6828

(12)

	560	570	580	590	600
.05	.0124	.0127	.0129	.0131	.0133
.10	.0249	.0254	.0258	.0263	.0267
.15	.0374	.0381	.0388	.0395	.0401
.20	.0499	.0508	.0517	.0526	.0535
.25	.0624	.0636	.0647	.0658	.0669
.30	.0749	.0763	.0776	.0790	.0803
.35	.0874	.0890	.0906	.0921	.0937
.40	.0999	.1017	.1035	.1053	.1071
.45	.1124	.1145	.1165	.1185	.1205
.50	.1249	.1272	.1294	.1316	.1339
.55	.1374	.1399	.1424	.1448	.1473
.60	.1499	.1526	.1553	.1580	.1607
.65	.1624	.1653	.1682	.1711	.1740
.70	.1749	.1781	.1812	.1843	.1874
.75	.1874	.1908	.1941	.1975	.2008
.80	.1999	.2035	.2071	.2107	.2142
.85	.2124	.2162	.2200	.2238	.2276
.90	.2249	.2290	.2330	.2370	.2410
.95	.2374	.2417	.2459	.2502	.2544
1.00	.2499	.2544	.2589	.2633	.2678
2.00	.4999	.5088	.5178	.5267	.5356
3.00	.7499	.7633	.7767	.7901	.8035
4.00	.9999	1.0177	1.0356	1.0535	1.0713
5.00	1.2499	1.2722	1.2945	1.3168	1.3392
6.00	1.4999	1.5266	1.5534	1.5802	1.6070
7.00	1.7498	1.7811	1.8123	1.8436	1.8748
8.00	1.9998	2.0355	2.0712	2.1070	2.1427
9.00	2.2498	2.2900	2.3302	2.3703	2.4105
10.00	2.4998	2.5444	2.5891	2.6337	2.6784
11.00	2.7498	2.7989	2.8480	2.8971	2.9462
12.00	2.9998	3.0533	3.1069	3.1605	3.2140
13.00	3.2497	3.3078	3.3658	3.4238	3.4819
14.00	3.4997	3.5622	3.6247	3.6872	3.7497
15.00	3.7497	3.8167	3.8836	3.9506	4.0176

	610	620	630	640	650
.05	.0136	.0138	.0140	.0142	.0145
.10	.0272	.0276	.0281	.0285	.0290
.15	.0408	.0415	.0421	.0428	.0435
.20	.0544	.0553	.0562	.0571	.0580
.25	.0680	.0691	.0703	.0714	.0725
.30	.0816	.0830	.0843	.0857	.0870
.35	.0953	.0968	.0984	.0999	.1015
.40	.1089	.1107	.1124	.1142	.1160
.45	.1225	.1245	.1265	.1285	.1305
.50	.1361	.1383	.1406	.1428	.1450
.55	.1497	.1522	.1546	.1571	.1595
.60	.1633	.1660	.1687	.1714	.1740
.65	.1769	.1798	.1828	.1857	.1886
.70	.1906	.1937	.1968	.1999	.2031
.75	.2042	.2075	.2109	.2142	.2176
.80	.2178	.2214	.2249	.2285	.2321
.85	.2314	.2352	.2390	.2428	.2466
.90	.2450	.2490	.2531	.2571	.2611
.95	.2586	.2629	.2671	.2714	.2756
1.00	.2723	.2767	.2812	.2856	.2901
2.00	.5446	.5535	.5624	.5713	.5803
3.00	.8169	.8303	.8436	.8570	.8704
4.00	1.0892	1.1070	1.1249	1.1427	1.1606
5.00	1.3615	1.3838	1.4061	1.4284	1.4508
6.00	1.6338	1.6606	1.6873	1.7141	1.7409
7.00	1.9061	1.9373	1.9686	1.9998	2.0311
8.00	2.1784	2.2141	2.2498	2.2855	2.3212
9.00	2.4507	2.4909	2.5310	2.5712	2.6114
10.00	2.7230	2.7676	2.8123	2.8569	2.9016
11.00	2.9953	3.0444	3.0935	3.1426	3.1917
12.00	3.2676	3.3212	3.3747	3.4283	3.4819
13.00	3.5399	3.5979	3.6560	3.7140	3.7720
14.00	3.8122	3.8747	3.9372	3.9997	4.0622
15.00	4.0845	4.1515	4.2184	4.2854	4.3524

(16)

	760	770	780	790	800
.05	.0169	.0171	.0174	.0176	.0178
.10	.0339	.0343	.0348	.0352	.0357
.15	.0508	.0515	.0522	.0528	.0535
.20	.0678	.0687	.0696	.0705	.0714
.25	.0848	.0859	.0870	.0881	.0892
.30	.1017	.1031	.1044	.1057	.1071
.35	.1187	.1203	.1218	.1234	.1249
.40	.1357	.1374	.1392	.1410	.1428
.45	.1526	.1546	.1566	.1586	.1607
.50	.1696	.1718	.1740	.1763	.1785
.55	.1865	.1890	.1915	.1939	.1964
.60	.2035	.2062	.2089	.2115	.2142
.65	.2205	.2234	.2263	.2292	.2321
.70	.2374	.2406	.2437	.2468	.2499
.75	.2544	.2577	.2611	.2644	.2678
.80	.2714	.2749	.2785	.2821	.2856
.85	.2883	.2921	.2959	.2997	.3035
.90	.3053	.3093	.3133	.3173	.3214
.95	.3223	.3265	.3307	.3350	.3392
1.00	.3392	.3437	.3481	.3526	.3571
2.00	.6785	.6874	.6963	.7053	.7142
3.00	1.0177	1.0311	1.0445	1.0579	1.0713
4.00	1.3570	1.3749	1.3927	1.4106	1.4284
5.00	1.6963	1.7186	1.7409	1.7632	1.7856
6.00	2.0355	2.0623	2.0891	2.1159	2.1427
7.00	2.3748	2.4060	2.4373	2.4685	2.4998
8.00	2.7141	2.7498	2.7855	2.8212	2.8569
9.00	3.0533	3.0935	3.1337	3.1739	3.2140
10.00	3.3926	3.4372	3.4819	3.5265	3.5712
11.00	3.7319	3.7810	3.8301	3.8792	3.9283
12.00	4.0711	4.1247	4.1783	4.2318	4.2854
13.00	4.4104	4.4684	4.5264	4.5845	4.6425
14.00	4.7496	4.8121	4.8746	4.9371	4.9996
15.00	5.0889	5.1559	5.2228	5.2898	5.3568

(17)

	810	820	830	840	850
.05	.0180	.0183	.0185	.0187	.0189
.10	.0361	.0366	.0370	.0374	.0379
.15	.0542	.0549	.0555	.0562	.0569
.20	.0723	.0732	.0741	.0749	.0758
.25	.0903	.0915	.0926	.0937	.0948
.30	.1084	.1098	.1111	.1124	.1138
.35	.1265	.1281	.1296	.1312	.1328
.40	.1446	.1464	.1482	.1499	.1517
.45	.1627	.1647	.1667	.1687	.1707
.50	.1807	.1830	.1852	.1874	.1897
.55	.1988	.2013	.2037	.2062	.2086
.60	.2169	.2196	.2223	.2249	.2276
.65	.2350	.2379	.2408	.2437	.2466
.70	.2531	.2562	.2593	.2624	.2656
.75	.2711	.2745	.2778	.2812	.2845
.80	.2892	.2928	.2964	.2999	.3035
.85	.3073	.3111	.3149	.3187	.3225
.90	.3254	.3294	.3334	.3374	.3414
.95	.3435	.3477	.3519	.3562	.3604
1.00	.3615	.3660	.3705	.3749	.3794
2.00	.7231	.7320	.7410	.7499	.7588
3.00	1.0847	1.0981	1.1115	1.1249	1.1383
4.00	1.4463	1.4641	1.4820	1.4999	1.5177
5.00	1.8079	1.8302	1.8525	1.8748	1.8972
6.00	2.1695	2.1962	2.2230	2.2498	2.2766
7.00	2.5310	2.5623	2.5935	2.6248	2.6560
8.00	2.8926	2.9283	2.9640	2.9998	3.0355
9.00	3.2542	3.2944	3.3346	3.3747	3.4149
10.00	3.6158	3.6604	3.7051	3.7497	3.7944
11.00	3.9774	4.0265	4.0756	4.1247	4.1738
12.00	4.3390	4.3925	4.4461	4.4997	4.5532
13.00	4.7005	4.7586	4.8166	4.8746	4.9327
14.00	5.0621	5.1246	5.1871	5.2496	5.3121
15.00	5.4237	5.4907	5.5576	5.6246	5.6916

(20)

	960	970	980	990	1000
.05	.0214	.0216	.0218	.0220	.0223
.10	.0428	.0433	.0437	.0441	.0446
.15	.0642	.0649	.0656	.0662	.0669
.20	.0857	.0866	.0874	.0883	.0892
.25	.1071	.1082	.1093	.1104	.1116
.30	.1285	.1299	.1312	.1325	.1339
.35	.1499	.1515	.1531	.1546	.1562
.40	.1714	.1732	.1749	.1767	.1785
.45	.1928	.1948	.1968	.1988	.2008
.50	.2142	.2165	.2187	.2209	.2232
.55	.2356	.2381	.2406	.2430	.2455
.60	.2571	.2598	.2624	.2651	.2678
.65	.2785	.2814	.2843	.2872	.2901
.70	.2999	.3031	.3062	.3093	.3124
.75	.3214	.3247	.3281	.3314	.3348
.80	.3428	.3464	.3499	.3535	.3571
.85	.3642	.3680	.3718	.3756	.3794
.90	.3856	.3897	.3937	.3977	.4017
.95	.4071	.4113	.4155	.4198	.4240
1.00	.4285	.4330	.4374	.4419	.4464
2.00	.8570	.8660	.8749	.8838	.8928
3.00	1.2856	1.2990	1.3124	1.3258	1.3392
4.00	1.7141	1.7320	1.7498	1.7677	1.7856
5.00	2.1427	2.1650	2.1873	2.2096	2.2320
6.00	2.5712	2.5980	2.6248	2.6516	2.6784
7.00	2.9998	3.0310	3.0623	3.0935	3.1248
8.00	3.4283	3.4640	3.4997	3.5354	3.5712
9.00	3.8568	3.8970	3.9372	3.9774	4.0176
10.00	4.2854	4.3300	4.3747	4.4193	4.4640
11.00	4.7139	4.7630	4.8121	4.8612	4.9104
12.00	5.1425	5.1960	5.2496	5.3032	5.3568
13.00	5.5710	5.6291	5.6871	5.7451	5.8032
14.00	5.9996	6.0621	6.1246	6.1871	6.2496
15.00	6.4281	6.4951	6.5620	6.6290	6.6960

(21)

	1010	1020	1030	1040	1050
.05	.0225	.0227	.0229	.0232	.0234
.10	.0450	.0455	.0459	.0464	.0468
.15	.0676	.0682	.0689	.0696	.0703
.20	.0901	.0910	.0919	.0928	.0937
.25	.1127	.1138	.1149	.1160	.1171
.30	.1352	.1365	.1379	.1392	.1406
.35	.1578	.1593	.1609	.1624	.1640
.40	.1803	.1821	.1839	.1857	.1874
.45	.2028	.2048	.2069	.2089	.2109
.50	.2254	.2276	.2298	.2321	.2343
.55	.2479	.2504	.2528	.2553	.2577
.60	.2705	.2731	.2758	.2785	.2812
.65	.2930	.2959	.2988	.3017	.3046
.70	.3156	.3187	.3218	.3249	.3281
.75	.3381	.3414	.3448	.3481	.3515
.80	.3606	.3642	.3678	.3714	.3749
.85	.3832	.3870	.3908	.3946	.3984
.90	.4057	.4097	.4138	.4178	.4218
.95	.4283	.4325	.4368	.4410	.4452
1.00	.4508	.4553	.4597	.4642	.4687
2.00	.9017	.9106	.9195	.9285	.9374
3.00	1.3525	1.3659	1.3793	1.3927	1.4061
4.00	1.8034	1.8213	1.8391	1.8570	1.8748
5.00	2.2543	2.2766	2.2989	2.3212	2.3436
6.00	2.7051	2.7319	2.7587	2.7855	2.8123
7.00	3.1560	3.1872	3.2185	3.2497	3.2810
8.00	3.6069	3.6426	3.6783	3.7140	3.7497
9.00	4.0577	4.0979	4.1381	4.1783	4.2184
10.00	4.5086	4.5532	4.5979	4.6425	4.6872
11.00	4.9595	5.0086	5.0577	5.1068	5.1559
12.00	5.4103	5.4639	5.5175	5.5710	5.6246
13.00	5.8612	5.9192	5.9772	6.0353	6.0933
14.00	6.3120	6.3745	6.4370	6.4995	6.5620
15.00	6.7629	6.8299	6.8968	6.9638	7.0308

	1060	**1070**	**1080**	**1090**	**1100**
.05	.0236	.0238	.0241	.0243	.0245
.10	.0473	.0477	.0482	.0486	.0491
.15	.0709	.0716	.0723	.0729	.0736
.20	.0946	.0955	.0964	.0973	.0982
.25	.1182	.1194	.1205	.1216	.1227
.30	.1419	.1432	.1446	.1459	.1473
.35	.1656	.1671	.1687	.1703	.1718
.40	.1892	.1910	.1928	.1946	.1964
.45	.2129	.2149	.2169	.2189	.2209
.50	.2365	.2388	.2410	.2432	.2455
.55	.2602	.2627	.2651	.2676	.2700
.60	.2839	.2865	.2892	.2919	.2946
.65	.3075	.3104	.3133	.3162	.3191
.70	.3312	.3343	.3374	.3406	.3437
.75	.3548	.3582	.3615	.3649	.3682
.80	.3785	.3821	.3856	.3892	.3928
.85	.4022	.4060	.4097	.4135	.4173
.90	.4258	.4298	.4339	.4379	.4419
.95	.4495	.4537	.4580	.4622	.4664
1.00	.4731	.4776	.4821	.4865	.4910
2.00	.9463	.9552	.9642	.9731	.9820
3.00	1.4195	1.4329	1.4463	1.4597	1.4731
4.00	1.8927	1.9105	1.9284	1.9463	1.9641
5.00	2.3659	2.3882	2.4105	2.4328	2.4552
6.00	2.8391	2.8658	2.8926	2.9194	2.9462
7.00	3.3122	3.3435	3.3747	3.4060	3.4372
8.00	3.7854	3.8211	3.8568	3.8926	3.9283
9.00	4.2586	4.2988	4.3390	4.3791	4.4193
10.00	4.7318	4.7764	4.8211	4.8657	4.9104
11.00	5.2050	5.2541	5.3032	5.3523	5.4014
12.00	5.6782	5.7317	5.7853	5.8389	5.8924
13.00	6.1513	6.2094	6.2674	6.3254	6.3835
14.00	6.6245	6.6870	6.7495	6.8120	6.8745
15.00	7.0977	7.1647	7.2316	7.2986	7.3656

(23)

	1110	1120	1130	1140	1150
.05	.0247	.0249	.0252	.0254	.0256
.10	.0495	.0499	.0504	.0508	.0513
.15	.0743	.0749	.0756	.0763	.0770
.20	.0991	.0999	.1008	.1017	.1026
.25	.1238	.1249	.1261	.1272	.1283
.30	.1486	.1499	.1513	.1526	.1540
.35	.1734	.1749	.1765	.1781	.1796
.40	.1982	.1999	.2017	.2035	.2053
.45	.2229	.2249	.2269	.2290	.2310
.50	.2477	.2499	.2522	.2544	.2566
.55	.2725	.2749	.2774	.2798	.2823
.60	.2973	.2999	.3026	.3053	.3080
.65	.3220	.3249	.3278	.3307	.3336
.70	.3468	.3499	.3531	.3562	.3593
.75	.3716	.3749	.3783	.3816	.3850
.80	.3964	.3999	.4035	.4071	.4106
.85	.4211	.4249	.4287	.4325	.4363
.90	.4459	.4499	.4539	.4580	.4620
.95	.4707	.4749	.4792	.4834	.4876
1.00	.4955	.4999	.5044	.5088	.5133
2.00	.9910	.9999	1.0088	1.0177	1.0267
3.00	1.4865	1.4999	1.5132	1.5266	1.5400
4.00	1.9820	1.9998	2.0177	2.0355	2.0534
5.00	2.4775	2.4998	2.5221	2.5444	2.5668
6.00	2.9730	2.9998	3.0265	3.0533	3.0801
7.00	3.4685	3.4997	3.5310	3.5622	3.5935
8.00	3.9640	3.9997	4.0354	4.0711	4.1068
9.00	4.4595	4.4997	4.5398	4.5800	4.6202
10.00	4.9550	4.9996	5.0443	5.0889	5.1336
11.00	5.4505	5.4996	5.5487	5.5978	5.6469
12.00	5.9460	5.9996	6.0531	6.1067	6.1603
13.00	6.4415	6.4995	6.5576	6.6156	6.6736
14.00	6.9370	6.9995	7.0620	7.1245	7.1870
15.00	7.4325	7.4995	7.5664	7.6334	7.7004

(24

	1160	1170	1180	1190	1200
.05	.0258	.0261	.0263	.0265	.0267
.10	.0517	.0522	.0526	.0531	.0535
.15	.0776	.0783	.0790	.0796	.0803
.20	.1035	.1044	.1053	.1062	.1071
.25	.1294	.1305	.1316	.1328	.1339
.30	.1553	.1566	.1580	.1593	.1607
.35	.1812	.1828	.1843	.1859	.1874
.40	.2071	.2089	.2107	.2124	.2142
.45	.2330	.2350	.2370	.2390	.2410
.50	.2589	.2611	.2633	.2656	.2678
.55	.2848	.2872	.2897	.2921	.2946
.60	.3106	.3133	.3160	.3187	.3214
.65	.3365	.3394	.3423	.3452	.3481
.70	.3624	.3656	.3687	.3718	.3749
.75	.3883	.3917	.3950	.3984	.4017
.80	.4142	.4178	.4214	.4249	.4285
.85	.4401	.4439	.4477	.4515	.4553
.90	.4660	.4700	.4740	.4780	.4821
.95	.4919	.4961	.5004	.5046	.5088
1.00	.5178	.5222	.5267	.5312	.5356
2.00	1.0356	1.0445	1.0535	1.0624	1.0713
3.00	1.5534	1.5668	1.5802	1.5936	1.6070
4.00	2.0712	2.0891	2.1070	2.1248	2.1427
5.00	2.5891	2.6114	2.6337	2.6560	2.6784
6.00	3.1069	3.1337	3.1605	3.1872	3.2140
7.00	3.6247	3.6560	3.6872	3.7185	3.7497
8.00	4.1425	4.1783	4.2140	4.2497	4.2854
9.00	4.6604	4.7005	4.7407	4.7809	4.8211
10.00	5.1782	5.2228	5.2675	5.3121	5.3568
11.00	5.6960	5.7451	5.7942	5.8433	5.8924
12.00	6.2138	6.2674	6.3210	6.3745	6.4281
13.00	6.7317	6.7897	6.8477	6.9058	6.9638
14.00	7.2495	7.3120	7.3745	7.4370	7.4995
15.00	7.7673	7.8343	7.9012	7.9682	8.035

(25)

	1210	1220	1230	1240	1250
.05	.0270	.0272	.0274	.0276	.0279
.10	.0540	.0544	.0549	.0553	.0558
.15	.0810	.0816	.0823	.0830	.0837
.20	.1080	.1089	.1098	.1107	.1116
.25	.1350	.1361	.1372	.1383	.1395
.30	.1620	.1633	.1647	.1660	.1674
.35	.1890	.1906	.1921	.1937	.1953
.40	.2160	.2178	.2196	.2214	.2232
.45	.2430	.2450	.2470	.2490	.2511
.50	.2700	.2723	.2745	.2767	.2790
.55	.2970	.2995	.3019	.3044	.3069
.60	.3240	.3267	.3294	.3321	.3348
.65	.3510	.3539	.3568	.3597	.3627
.70	.3781	.3812	.3843	.3874	.3906
.75	.4051	.4084	.4118	.4151	.4185
.80	.4321	.4356	.4392	.4428	.4464
.85	.4591	.4629	.4667	.4705	.4743
.90	.4861	.4901	.4941	.4981	.5022
.95	.5131	.5173	.5216	.5258	.5301
1.00	.5401	.5446	.5490	.5535	.5580
2.00	1.0802	1.0892	1.0981	1.1070	1.116
3.00	1.6204	1.6338	1.6472	1.6606	1.674
4.00	2.1605	2.1784	2.1962	2.2141	2.232
5.00	2.7007	2.7230	2.7453	2.7676	2.790
6.00	3.2408	3.2676	3.2944	3.3212	3.348
7.00	3.7810	3.8122	3.8435	3.8747	3.906
8.00	4.3211	4.3568	4.3925	4.4282	4.464
9.00	4.8612	4.9014	4.9416	4.9818	5.022
10.00	5.4014	5.4460	5.4907	5.5353	5.580
11.00	5.9415	5.9906	6.0397	6.0888	6.138
12.00	6.4817	6.5352	6.5888	6.6424	6.696
13.00	7.0218	7.0799	7.1379	7.1959	7.254
14.00	7.5620	7.6245	7.6870	7.7495	7.812
15.00	8.1021	8.1691	8.2360	8.3030	8.370

	1260	1270	1280	1290	1300
.05	.0281	.0283	.0285	.0287	.0290
.10	.0562	.0566	.0571	.0575	.0580
.15	.0843	.0850	.0857	.0863	.0870
.20	.1124	.1133	.1142	.1151	.1160
.25	.1406	.1417	.1428	.1439	.1450
.30	.1687	.1700	.1714	.1727	.1740
.35	.1968	.1984	.1999	.2015	.2031
.40	.2249	.2267	.2285	.2303	.2321
.45	.2531	.2551	.2571	.2591	.2611
.50	.2812	.2834	.2856	.2879	.2901
.55	.3093	.3118	.3142	.3167	.3191
.60	.3374	.3401	.3428	.3455	.3481
.65	.3656	.3685	.3714	.3743	.3772
.70	.3937	.3968	.3999	.4030	.4062
.75	.4218	.4251	.4285	.4318	.4352
.80	.4499	.4535	.4571	.4606	.4642
.85	.4780	.4818	.4856	.4894	.4932
.90	.5062	.5102	.5142	.5182	.5222
.95	.5343	.5385	.5428	.5470	.5513
1.00	.5624	.5669	.5713	.5758	.5803
2.00	1.1249	1.1338	1.1427	1.1517	1.1606
3.00	1.6873	1.7007	1.7141	1.7275	1.7409
4.00	2.2498	2.2677	2.2855	2.3034	2.3212
5.00	2.8123	2.8346	2.8569	2.8792	2.9016
6.00	3.3747	3.4015	3.4283	3.4551	3.4819
7.00	3.9372	3.9684	3.9997	4.0309	4.0622
8.00	4.4997	4.5354	4.5711	4.6068	4.6425
9.00	5.0621	5.1023	5.1425	5.1827	5.2228
10.00	5.6246	5.6692	5.7139	5.7585	5.8032
11.00	6.1871	6.2362	6.2853	6.3344	6.3835
12.00	6.7495	6.8031	6.8567	6.9102	6.9638
13.00	7.3120	7.3700	7.4280	7.4861	7.5441
14.00	7.8744	7.9369	7.9994	8.0619	8.1244
15.00	8.4369	8.5039	8.5708	8.6378	8.7048

	1310	**1320**	**1330**	**1340**	**1350**
.05	.0292	.0294	.0296	.0299	.0301
.10	.0584	.0589	.0593	.0598	.0602
.15	.0877	.0883	.0890	.0897	.0903
.20	.1169	.1178	.1187	.1196	.1205
.25	.1461	.1473	.1484	.1495	.1506
.30	.1754	.1767	.1781	.1794	.1807
.35	.2046	.2062	.2077	.2093	.2109
.40	.2339	.2356	.2374	.2392	.2410
.45	.2631	.2651	.2671	.2691	.2711
.50	.2923	.2946	.2968	.2990	.3013
.55	.3216	.3240	.3265	.3289	.3314
.60	.3508	.3535	.3562	.3589	.3615
.65	.3801	.3830	.3859	.3888	.3917
.70	.4093	.4124	.4155	.4187	.4218
.75	.4385	.4419	.4452	.4486	.4519
.80	.4678	.4713	.4749	.4785	.4821
.85	.4970	.5008	.5046	.5084	.5122
.90	.5263	.5303	.5343	.5383	.5423
.95	.5555	.5597	.5640	.5682	.5725
1.00	.5847	.5892	.5937	.5981	.6026
2.00	1.1695	1.1784	1.1874	1.1963	1.2052
3.00	1.7543	1.7677	1.7811	1.7945	1.8079
4.00	2.3391	2.3569	2.3748	2.3927	2.4105
5.00	2.9239	2.9462	2.9685	2.9908	3.0132
6.00	3.5087	3.5354	3.5622	3.5890	3.6158
7.00	4.0934	4.1247	4.1559	4.1872	4.2184
8.00	4.6782	4.7139	4.7496	4.7854	4.8211
9.00	5.2630	5.3032	5.3434	5.3835	5.4237
10.00	5.8478	5.8924	5.9371	5.9817	6.0264
11.00	6.4326	6.4817	6.5308	6.5799	6.6290
12.00	7.0174	7.0709	7.1245	7.1781	7.2316
13.00	7.6021	7.6602	7.7182	7.7762	7.8343
14.00	8.1869	8.2494	8.3119	8.3744	8.4369
15.00	8.7717	8.8387	8.9056	8.9726	9.0396

(28)

	1360	1370	1380	1390	1400
.05	.0303	.0305	.0308	.0310	.0312
.10	.0607	.0611	.0616	.0620	.0624
.15	.0910	.0917	.0924	.0930	.0937
.20	.1214	.1223	.1232	.1240	.1249
.25	.1517	.1528	.1540	.1551	.1562
.30	.1821	.1834	.1848	.1861	.1874
.35	.2124	.2140	.2156	.2171	.2187
.40	.2428	.2446	.2464	.2481	.2499
.45	.2731	.2752	.2772	.2792	.2812
.50	.3035	.3057	.3080	.3102	.3124
.55	.3339	.3363	.3388	.3412	.3437
.60	.3642	.3669	.3696	.3722	.3749
.65	.3946	.3975	.4004	.4033	.4062
.70	.4249	.4280	.4312	.4343	.4374
.75	.4553	.4586	.4620	.4653	.4687
.80	.4856	.4892	.4928	.4963	.4999
.85	.5160	.5198	.5236	.5274	.5312
.90	.5463	.5504	.5544	.5584	.5624
.95	.5767	.5809	.5852	.5894	.5937
1.00	.6071	.6115	.6160	.6204	.6249
2.00	1.2142	1.2231	1.2320	1.2409	1.2499
3.00	1.8213	1.8347	1.8480	1.8614	1.8748
4.00	2.4284	2.4462	2.4641	2.4819	2.4998
5.00	3.0355	3.0578	3.0801	3.1024	3.1248
6.00	3.6426	3.6694	3.6961	3.7229	3.7497
7.00	4.2497	4.2809	4.3122	4.3434	4.3747
8.00	4.8568	4.8925	4.9282	4.9639	4.9996
9.00	5.4639	5.5041	5.5442	5.5844	5.6246
10.00	6.0710	6.1156	6.1603	6.2049	6.2496
11.00	6.6781	6.7272	6.7763	6.8254	6.8745
12.00	7.2852	7.3388	7.3923	7.4459	7.4995
13.00	7.8923	7.9503	8.0084	8.0664	8.1244
14.00	8.4994	8.5619	8.6244	8.6869	8.7494
15.00	9.1065	9.1735	9.2404	9.3074	9.3744

(29)

	1410	1420	1430	1440	1450
.05	.0314	.0316	.0319	.0321	.0323
.10	.0629	.0633	.0638	.0642	.0647
.15	.0944	.0950	.0957	.0964	.0970
.20	.1258	.1267	.1276	.1285	.1294
.25	.1573	.1584	.1595	.1607	.1618
.30	.1888	.1901	.1915	.1928	.1941
.35	.2202	.2218	.2234	.2249	.2265
.40	.2517	.2535	.2553	.2571	.2589
.45	.2832	.2852	.2872	.2892	.2912
.50	.3147	.3169	.3191	.3214	.3236
.55	.3461	.3486	.3510	.3535	.3560
.60	.3776	.3803	.3830	.3856	.3883
.65	.4091	.4120	.4149	.4178	.4207
.70	.4405	.4437	.4468	.4499	.4530
.75	.4720	.4754	.4787	.4821	.4854
.80	.5035	.5071	.5106	.5142	.5178
.85	.5350	.5388	.5425	.5463	.5501
.90	.5664	.5704	.5745	.5785	.5825
.95	.5979	.6021	.6064	.6106	.6149
1.00	.6294	.6338	.6383	.6428	.6472
2.00	1.2588	1.2677	1.2767	1.2856	1.2945
3.00	1.8882	1.9016	1.9150	1.9284	1.9418
4.00	2.5176	2.5355	2.5534	2.5712	2.5891
5.00	3.1471	3.1694	3.1917	3.2140	3.2364
6.00	3.7765	3.8033	3.8301	3.8568	3.8836
7.00	4.4059	4.4372	4.4684	4.4997	4.5309
8.00	5.0353	5.0711	5.1068	5.1425	5.1782
9.00	5.6648	5.7049	5.7451	5.7853	5.8255
10.00	6.2942	6.3388	6.3835	6.4281	6.4728
11.00	6.9236	6.9727	7.0218	7.0709	7.1200
12.00	7.5530	7.6066	7.6602	7.7137	7.7673
13.00	8.1825	8.2405	8.2985	8.3566	8.4146
14.00	8.8119	8.8744	8.9369	8.9994	9.0619
15.00	9.4413	9.5083	9.5752	9.6422	9.7092

(30)

	1460	1470	1480	1490	1500
.05	.0325	.0328	.0330	.0332	.0334
.10	.0651	.0656	.0660	.0665	.0669
.15	.0977	.0984	.0991	.0997	.1004
.20	.1303	.1312	.1321	.1330	.1339
.25	.1629	.1640	.1651	.1662	.1674
.30	.1955	.1968	.1982	.1995	.2008
.35	.2281	.2296	.2312	.2327	.2343
.40	.2606	.2624	.2642	.2660	.2678
.45	.2932	.2952	.2973	.2993	.3013
.50	.3258	.3281	.3303	.3325	.3348
.55	.3584	.3609	.3633	.3658	.3682
.60	.3910	.3937	.3964	.3990	.4017
.65	.4236	.4265	.4294	.4323	.4352
.70	.4562	.4593	.4624	.4655	.4687
.75	.4888	.4921	.4955	.4988	.5022
.80	.5213	.5249	.5285	.5321	.5356
.85	.5539	.5577	.5615	.5653	.5691
.90	.5865	.5905	.5946	.5986	.6026
.95	.6191	.6233	.6276	.6318	.6361
1.00	.6517	.6562	.6606	.6651	.6696
2.00	1.3034	1.3124	1.3213	1.3302	1.3392
3.00	1.9552	1.9686	1.9820	1.9954	2.0088
4.00	2.6069	2.6248	2.6426	2.6605	2.6784
5.00	3.2587	3.2810	3.3033	3.3256	3.3480
6.00	3.9104	3.9372	3.9640	3.9908	4.0176
7.00	4.5622	4.5934	4.6247	4.6559	4.6872
8.00	5.2139	5.2496	5.2853	5.3210	5.3568
9.00	5.8656	5.9058	5.9460	5.9862	6.0264
10.00	6.5174	6.5620	6.6067	6.6513	6.6960
11.00	7.1691	7.2182	7.2673	7.3164	7.3656
12.00	7.8209	7.8744	7.9280	7.9816	8.0352
13.00	8.4726	8.5307	8.5887	8.6467	8.7048
14.00	9.1244	9.1869	9.2494	9.3119	9.3744
15.00	9.7761	9.8431	9.9100	9.9770	10.0440

(31)

	1510	1520	1530	1540	1550
.05	.0337	.0339	.0341	.0343	.0345
.10	.0674	.0678	.0682	.0687	.0691
.15	.1011	.1017	.1024	.1031	.1037
.20	.1348	.1357	.1365	.1374	.1383
.25	.1685	.1696	.1707	.1718	.1729
.30	.2022	.2035	.2048	.2062	.2075
.35	.2359	.2374	.2390	.2406	.2421
.40	.2696	.2714	.2731	.2749	.2767
.45	.3033	.3053	.3073	.3093	.3113
.50	.3370	.3392	.3414	.3437	.3459
.55	.3707	.3731	.3756	.3781	.3805
.60	.4044	.4071	.4097	.4124	.4151
.65	.4381	.4410	.4439	.4468	.4497
.70	.4718	.4749	.4780	.4812	.4843
.75	.5055	.5088	.5122	.5155	.5189
.80	.5392	.5428	.5463	.5499	.5535
.85	.5729	.5767	.5805	.5843	.5881
.90	.6066	.6106	.6146	.6187	.6227
.95	.6403	.6446	.6488	.6530	.6573
1.00	.6740	.6785	.6829	.6874	.6919
2.00	1.3481	1.3570	1.3659	1.3749	1.3838
3.00	2.0221	2.0355	2.0489	2.0623	2.0757
4.00	2.6962	2.7141	2.7319	2.7498	2.7676
5.00	3.3703	3.3926	3.4149	3.4372	3.4596
6.00	4.0443	4.0711	4.0979	4.1247	4.1515
7.00	4.7184	4.7496	4.7809	4.8121	4.8434
8.00	5.3925	5.4282	5.4639	5.4996	5.5353
9.00	6.0665	6.1067	6.1469	6.1871	6.2272
10.00	6.7406	6.7852	6.8299	6.8745	6.9192
11.00	7.4147	7.4638	7.5129	7.5620	7.6111
12.00	8.0887	8.1423	8.1959	8.2494	8.3030
13.00	8.7628	8.8208	8.8788	8.9369	8.9949
14.00	9.4368	9.4993	9.5618	9.6243	9.6868
15.00	10.1109	10.1779	10.2448	10.3118	10.3788

	1560	1570	1580	1590	1600
.05	.0348	.0350	.0352	.0354	.0357
.10	.0696	.0700	.0705	.0709	.0714
.15	.1044	.1051	.1057	.1064	.1071
.20	.1392	.1401	.1410	.1419	.1428
.25	.1740	.1752	.1763	.1774	.1785
.30	.2089	.2102	.2115	.2129	.2142
.35	.2437	.2452	.2468	.2484	.2499
.40	.2785	.2803	.2821	.2839	.2856
.45	.3133	.3153	.3173	.3193	.3214
.50	.3481	.3504	.3526	.3548	.3571
.55	.3830	.3854	.3879	.3903	.3928
.60	.4178	.4205	.4231	.4258	.4285
.65	.4526	.4555	.4584	.4613	.4642
.70	.4874	.4905	.4937	.4968	.4999
.75	.5222	.5256	.5289	.5323	.5356
.80	.5571	.5606	.5642	.5678	.5713
.85	.5919	.5957	.5995	.6033	.6071
.90	.6267	.6307	.6347	.6387	.6428
.95	.6615	.6658	.6700	.6742	.6785
1.00	.6963	.7008	.7053	.7097	.7142
2.00	1.3927	1.4016	1.4106	1.4195	1.4284
3.00	2.0891	2.1025	2.1159	2.1293	2.1427
4.00	2.7855	2.8033	2.8212	2.8391	2.8569
5.00	3.4819	3.5042	3.5265	3.5488	3.5712
6.00	4.1783	4.2050	4.2318	4.2586	4.2854
7.00	4.8746	4.9059	4.9371	4.9684	4.9996
8.00	5.5710	5.6067	5.6424	5.6782	5.7139
9.00	6.2674	6.3076	6.3478	6.3879	6.4281
10.00	6.9638	7.0084	7.0531	7.0977	7.1424
11.00	7.6602	7.7093	7.7584	7.8075	7.8566
12.00	8.3566	8.4101	8.4637	8.5173	8.5708
13.00	9.0529	9.1110	9.1690	9.2270	9.2851
14.00	9.7493	9.8118	9.8743	9.9368	9.9993
15.00	10.4457	10.5127	10.5796	10.6466	10.7136

	1610	**1620**	**1630**	**1640**	**1650**
.05	.0359	.0361	.0363	.0366	.0368
.10	.0718	.0723	.0727	.0732	.0736
.15	.1078	.1084	.1091	.1098	.1104
.20	.1437	.1446	.1455	.1464	.1473
.25	.1796	.1807	.1819	.1830	.1841
.30	.2156	.2169	.2182	.2196	.2209
.35	.2515	.2531	.2546	.2562	.2577
.40	.2874	.2892	.2910	.2928	.2946
.45	.3234	.3254	.3274	.3294	.3314
.50	.3593	.3615	.3638	.3660	.3682
.55	.3952	.3977	.4001	.4026	.4051
.60	.4312	.4339	.4365	.4392	.4419
.65	.4671	.4700	.4729	.4758	.4787
.70	.5030	.5062	.5093	.5124	.5155
.75	.5390	.5423	.5457	.5490	.5524
.80	.5749	.5785	.5821	.5856	.5892
.85	.6108	.6146	.6184	.6222	.6260
.90	.6468	.6508	.6548	.6588	.6629
.95	.6827	.6870	.6912	.6954	.6997
1.00	.7187	.7231	.7276	.7320	.7365
2.00	1.4374	1.4463	1.4552	1.4641	1.4731
3.00	2.1561	2.1695	2.1828	2.1962	2.2096
4.00	2.8748	2.8926	2.9105	2.9283	2.9462
5.00	3.5935	3.6158	3.6381	3.6604	3.6828
6.00	4.3122	4.3390	4.3657	4.3925	4.4193
7.00	5.0309	5.0621	5.0934	5.1246	5.1559
8.00	5.7496	5.7853	5.8210	5.8567	5.8924
9.00	6.4683	6.5085	6.5486	6.5888	6.6290
10.00	7.1870	7.2316	7.2763	7.3209	7.3656
11.00	7.9057	7.9548	8.0039	8.0530	8.1021
12.00	8.6244	8.6780	8.7315	8.7851	8.8387
13.00	9.3431	9.4011	9.4592	9.5172	9.5752
14.00	10.0618	10.1243	10.1868	10.2493	10.3118
15.00	10.7805	10.8475	10.9144	10.9814	11.0484

	1660	1670	1680	1690	1700
.05	.0370	.0372	.0374	.0377	.0379
.10	.0741	.0745	.0749	.0754	.0758
.15	.1111	.1118	.1124	.1131	.1138
.20	.1482	.1490	.1499	.1508	.1517
.25	.1852	.1863	.1874	.1886	.1897
.30	.2223	.2236	.2249	.2263	.2276
.35	.2593	.2609	.2624	.2640	.2656
.40	.2964	.2981	.2999	.3017	.3035
.45	.3334	.3354	.3374	.3394	.3414
.50	.3705	.3727	.3749	.3772	.3794
.55	.4075	.4100	.4124	.4149	.4173
.60	.4446	.4472	.4499	.4526	.4553
.65	.4816	.4845	.4874	.4903	.4932
.70	.5187	.5218	.5249	.5280	.5312
.75	.5557	.5591	.5624	.5658	.5691
.80	.5928	.5963	.5999	.6035	.6071
.85	.6298	.6336	.6374	.6412	.6450
.90	.6669	.6709	.6749	.6789	.6829
.95	.7039	.7082	.7124	.7166	.7209
1.00	.7410	.7454	.7499	.7544	.7588
2.00	1.4820	1.4909	1.4999	1.5088	1.5177
3.00	2.2230	2.2364	2.2498	2.2632	2.2766
4.00	2.9640	2.9819	2.9998	3.0176	3.0355
5.00	3.7051	3.7274	3.7497	3.7720	3.7944
6.00	4.4461	4.4729	4.4997	4.5264	4.5532
7.00	5.1871	5.2184	5.2496	5.2809	5.3121
8.00	5.9281	5.9639	5.9996	6.0353	6.0710
9.00	6.6692	6.7093	6.7495	6.7897	6.8299
10.00	7.4102	7.4548	7.4995	7.5441	7.5888
11.00	8.1512	8.2003	8.2494	8.2985	8.3476
12.00	8.8922	8.9458	8.9994	9.0529	9.1065
13.00	9.6333	9.6913	9.7493	9.8074	9.8654
14.00	10.3743	10.4368	10.4993	10.5618	10.6243
15.00	11.1153	11.1823	11.2492	11.3162	11.3832

	1710	1720	1730	1740	1750
.05	.0381	.0383	.0386	.0388	.0390
.10	.0763	.0767	.0772	.0776	.0781
.15	.1145	.1151	.1158	.1165	.1171
.20	.1526	.1535	.1544	.1553	.1562
.25	.1908	.1919	.1930	.1941	.1953
.30	.2290	.2303	.2316	.2330	.2343
.35	.2671	.2687	.2702	.2718	.2734
.40	.3053	.3071	.3089	.3106	.3124
.45	.3435	.3455	.3475	.3495	.3515
.50	.3816	.3839	.3861	.3883	.3906
.55	.4198	.4222	.4247	.4272	.4296
.60	.4580	.4606	.4633	.4660	.4687
.65	.4961	.4990	.5019	.5048	.5077
.70	.5343	.5374	.5405	.5437	.5468
.75	.5725	.5758	.5792	.5825	.5859
.80	.6106	.6142	.6178	.6213	.6249
.85	.6488	.6526	.6564	.6602	.6640
.90	.6870	.6910	.6950	.6990	.7030
.95	.7251	.7294	.7336	.7378	.7421
1.00	.7633	.7678	.7722	.7767	.7812
2.00	1.5266	1.5356	1.5445	1.5534	1.5624
3.00	2.2900	2.3034	2.3168	2.3302	2.3436
4.00	3.0533	3.0712	3.0890	3.1069	3.1248
5.00	3.8167	3.8390	3.8613	3.8836	3.9060
6.00	4.5800	4.6068	4.6336	4.6604	4.6872
7.00	5.3434	5.3746	5.4059	5.4371	5.4684
8.00	6.1067	6.1424	6.1781	6.2138	6.2496
9.00	6.8700	6.9102	6.9504	6.9906	7.0308
10.00	7.6334	7.6780	7.7227	7.7673	7.812
11.00	8.3967	8.4458	8.4949	8.5440	8.5932
12.00	9.1601	9.2136	9.2672	9.3208	9.3744
13.00	9.9234	9.9815	10.0395	10.0975	10.1556
14.00	10.6868	10.7493	10.8118	10.8743	10.9368
15.00	11.4501	11.5171	11.5840	11.6510	11.7180

	1760	1770	1780	1790	1800
.05	.0392	.0395	.0397	.0399	.0401
.10	.0785	.0790	.0794	.0799	.0803
.15	.1178	.1185	.1191	.1198	.1205
.20	.1571	.1580	.1589	.1598	.1607
.25	.1964	.1975	.1986	.1997	.2008
.30	.2356	.2370	.2383	.2397	.2410
.35	.2749	.2765	.2781	.2796	.2812
.40	.3142	.3160	.3178	.3196	.3214
.45	.3535	.3555	.3575	.3595	.3615
.50	.3928	.3950	.3972	.3995	.4017
.55	.4321	.4345	.4370	.4394	.4419
.60	.4713	.4740	.4767	.4794	.4821
.65	.5106	.5135	.5164	.5193	.5222
.70	.5499	.5530	.5562	.5593	.5624
.75	.5892	.5925	.5959	.5992	.6026
.80	.6285	.6321	.6356	.6392	.6428
.85	.6678	.6716	.6754	.6791	.6829
.90	.7070	.7111	.7151	.7191	.7231
.95	.7463	.7506	.7548	.7591	.7633
1.00	.7856	.7901	.7945	.7990	.8035
2.00	1.5713	1.5802	1.5891	1.5981	1.6070
3.00	2.3569	2.3703	2.3837	2.3971	2.4105
4.00	3.1426	3.1605	3.1783	3.1962	3.2140
5.00	3.9283	3.9506	3.9729	3.9952	4.0176
6.00	4.7139	4.7407	4.7675	4.7943	4.8211
7.00	5.4996	5.5308	5.5621	5.5933	5.6246
8.00	6.2853	6.3210	6.3567	6.3924	6.4281
9.00	7.0709	7.1111	7.1513	7.1915	7.2316
10.00	7.8566	7.9012	7.9459	7.9905	8.0352
11.00	8.6423	8.6914	8.7405	8.7896	8.8387
12.00	9.4279	9.4815	9.5351	9.5886	9.6422
13.00	10.2136	10.2716	10.3296	10.3877	10.4457
14.00	10.9992	11.0617	11.1242	11.1867	11.2492
15.00	11.7849	11.8519	11.9188	11.9858	12.0528

(37)

	1810	1820	1830	1840	1850
.05	.0403	.0406	.0408	.0410	.0412
.10	.0807	.0812	.0816	.0821	.0825
.15	.1211	.1218	.1225	.1232	.1238
.20	.1615	.1624	.1633	.1642	.1651
.25	.2019	.2031	.2042	.2053	.2064
.30	.2423	.2437	.2450	.2464	.2477
.35	.2827	.2843	.2859	.2874	.2890
.40	.3231	.3249	.3267	.3285	.3303
.45	.3635	.3656	.3676	.3696	.3716
.50	.4039	.4062	.4084	.4106	.4129
.55	.4443	.4468	.4493	.4517	.4542
.60	.4847	.4874	.4901	.4928	.4955
.65	.5251	.5280	.5309	.5338	.5367
.70	.5655	.5687	.5718	.5749	.5780
.75	.6059	.6093	.6126	.6160	.6193
.80	.6463	.6499	.6535	.6571	.6606
.85	.6867	.6905	.6943	.6981	.7019
.90	.7271	.7312	.7352	.7392	.7432
.95	.7675	.7718	.7760	.7803	.7845
1.00	.8079	.8124	.8169	.8213	.8258
2.00	1.6159	1.6248	1.6338	1.6427	1.6516
3.00	2.4239	2.4373	2.4507	2.4641	2.4775
4.00	3.2319	3.2497	3.2676	3.2855	3.3033
5.00	4.0399	4.0622	4.0845	4.1068	4.1292
6.00	4.8479	4.8746	4.9014	4.9282	4.9550
7.00	5.6558	5.6871	5.7183	5.7496	5.7808
8.00	6.4638	6.4995	6.5352	6.5710	6.6067
9.00	7.2718	7.3120	7.3522	7.3923	7.4325
10.00	8.0798	8.1244	8.1691	8.2137	8.2584
11.00	8.8878	8.9369	8.9860	9.0351	9.0842
12.00	9.6958	9.7493	9.8029	9.8565	9.9100
13.00	10.5037	10.5618	10.6198	10.6778	10.7359
14.00	11.3117	11.3742	11.4367	11.4992	11.5617
15.00	12.1197	12.1867	12.2536	12.3206	12.3876

	1860	1870	1880	1890	1900
.05	.0415	.0417	.0419	.0421	.0424
.10	.0830	.0834	.0839	.0843	.0848
.15	.1245	.1252	.1258	.1265	.1272
.20	.1660	.1669	.1678	.1687	.1696
.25	.2075	.2086	.2098	.2109	.2120
.30	.2490	.2504	.2517	.2531	.2544
.35	.2906	.2921	.2937	.2952	.2968
.40	.3321	.3339	.3356	.3374	.3392
.45	.3736	.3756	.3776	.3796	.3816
.50	.4151	.4173	.4196	.4218	.4240
.55	.4566	.4591	.4615	.4640	.4664
.60	.4981	.5008	.5035	.5062	.5088
.65	.5396	.5425	.5455	.5484	.5513
.70	.5812	.5843	.5874	.5905	.5937
.75	.6227	.6260	.6294	.6327	.6361
.80	.6642	.6678	.6713	.6749	.6785
.85	.7057	.7095	.7133	.7171	.7209
.90	.7472	.7512	.7553	.7593	.7633
.95	.7887	.7930	.7972	.8015	.8057
1.00	.8303	.8347	.8392	.8436	.8481
2.00	1.6606	1.6695	1.6784	1.6873	1.6963
3.00	2.4909	2.5043	2.5176	2.5310	2.5444
4.00	3.3212	3.3390	3.3569	3.3747	3.3926
5.00	4.1515	4.1738	4.1961	4.2184	4.2408
6.00	4.9818	5.0086	5.0353	5.0621	5.0889
7.00	5.8121	5.8433	5.8746	5.9058	5.9371
8.00	6.6424	6.6781	6.7138	6.7495	6.7852
9.00	7.4727	7.5129	7.5530	7.5932	7.6334
10.00	8.3030	8.3476	8.3923	8.4369	8.4816
11.00	9.1333	9.1824	9.2315	9.2806	9.3297
12.00	9.9636	10.0172	10.0707	10.1243	10.1779
13.00	10.7939	10.8519	10.9100	10.9680	11.0260
14.00	11.6242	11.6867	11.7492	11.8117	11.8742
15.00	12.4545	12.5215	12.5884	12.6554	12.7224

	1910	1920	1930	1940	1950
.05	.0426	.0428	.0430	.0433	.0435
.10	.0852	.0857	.0861	.0866	.0870
.15	.1278	.1285	.1292	.1299	.1305
.20	.1705	.1714	.1723	.1732	.1740
.25	.2131	.2142	.2153	.2165	.2176
.30	.2557	.2571	.2584	.2598	.2611
.35	.2984	.2999	.3015	.3031	.3046
.40	.3410	.3428	.3446	.3464	.3481
.45	.3836	.3856	.3876	.3897	.3917
.50	.4263	.4285	.4307	.4330	.4352
.55	.4689	.4713	.4738	.4763	.4787
.60	.5115	.5142	.5169	.5196	.5222
.65	.5542	.5571	.5600	.5629	.5658
.70	.5968	.5999	.6030	.6062	.6093
.75	.6394	.6428	.6461	.6495	.6528
.80	.6820	.6856	.6892	.6928	.6963
.85	.7247	.7285	.7323	.7361	.7399
.90	.7673	.7713	.7753	.7794	.7834
.95	.8099	.8142	.8184	.8227	.8269
1.00	.8526	.8570	.8615	.8660	.8704
2.00	1.7052	1.7141	1.7231	1.7320	1.7409
3.00	2.5578	2.5712	2.5846	2.5980	2.6114
4.00	3.4104	3.4283	3.4462	3.4640	3.4819
5.00	4.2631	4.2854	4.3077	4.3300	4.3524
6.00	5.1157	5.1425	5.1693	5.1960	5.2228
7.00	5.9683	5.9996	6.0308	6.0621	6.0933
8.00	6.8209	6.8567	6.8924	6.9281	6.9638
9.00	7.6736	7.7137	7.7539	7.7941	7.8343
10.00	8.5262	8.5708	8.6155	8.6601	8.7048
11.00	9.3788	9.4279	9.4770	9.5261	9.5752
12.00	10.2314	10.2850	10.3386	10.3921	10.4457
13.00	11.0841	11.1421	11.2001	11.2582	11.3162
14.00	11.9367	11.9992	12.0617	12.1242	12.1867
15.00	12.7893	12.8563	12.9232	12.9902	13.0572

	1960	1970	1980	1990	2000
.05	.0437	.0439	.0441	.0444	.0446
.10	.0874	.0879	.0883	.0888	.0892
.15	.1312	.1319	.1325	.1332	.1339
.20	.1749	.1758	.1767	.1776	.1785
.25	.2187	.2198	.2209	.2220	.2232
.30	.2624	.2638	.2651	.2665	.2678
.35	.3062	.3077	.3093	.3109	.3124
.40	.3499	.3517	.3535	.3553	.3571
.45	.3937	.3957	.3977	.3997	.4017
.50	.4374	.4397	.4419	.4441	.4464
.55	.4812	.4836	.4861	.4885	.4910
.60	.5249	.5276	.5303	.5330	.5356
.65	.5687	.5716	.5745	.5774	.5803
.70	.6124	.6155	.6187	.6218	.6249
.75	.6562	.6595	.6629	.6662	.6696
.80	.6999	.7035	.7070	.7106	.7142
.85	.7437	.7474	.7512	.7550	.7588
.90	.7874	.7914	.7954	.7995	.8035
.95	.8311	.8354	.8396	.8439	.8481
1.00	.8749	.8794	.8838	.8883	.8928
2.00	1.7498	1.7588	1.7677	1.7766	1.7856
3.00	2.6248	2.6382	2.6516	2.6650	2.6784
4.00	3.4997	3.5176	3.5354	3.5533	3.5712
5.00	4.3747	4.3970	4.4193	4.4416	4.4640
6.00	5.2496	5.2764	5.3032	5.3300	5.3568
7.00	6.1246	6.1558	6.1871	6.2183	6.2496
8.00	6.9995	7.0352	7.0709	7.1066	7.1424
9.00	7.8744	7.9146	7.9548	7.9950	8.0352
10.00	8.7494	8.7940	8.8387	8.8833	8.9280
11.00	9.6243	9.6734	9.7225	9.7716	9.8208
12.00	10.4993	10.5528	10.6064	10.6600	10.7136
13.00	11.3742	11.4323	11.4903	11.5483	11.6064
14.00	12.2492	12.3117	12.3742	12.4367	12.4992
15.00	13.1241	13.1911	13.2580	13.3250	13.3920

	2010	2020	2030	2040	2050
.05	.0448	.0450	.0453	.0455	.0457
.10	.0897	.0901	.0906	.0910	.0915
.15	.1345	.1352	.1359	.1365	.1372
.20	.1794	.1803	.1812	.1821	.1830
.25	.2243	.2254	.2265	.2276	.2287
.30	.2691	.2705	.2718	.2731	.2745
.35	.3140	.3156	.3171	.3187	.3202
.40	.3589	.3606	.3624	.3642	.3660
.45	.4037	.4057	.4077	.4097	.4118
.50	.4486	.4508	.4530	.4553	.4575
.55	.4934	.4959	.4984	.5008	.5033
.60	.5383	.5410	.5437	.5463	.5490
.65	.5832	.5861	.5890	.5919	.5948
.70	.6280	.6312	.6343	.6374	.6405
.75	.6729	.6762	.6796	.6829	.6863
.80	.7178	.7213	.7249	.7285	.7320
.85	.7626	.7664	.7702	.7740	.7778
.90	.8075	.8115	.8155	.8195	.8236
.95	.8524	.8566	.8608	.8651	.8693
1.00	.8972	.9017	.9061	.9106	.9151
2.00	1.7945	1.8034	1.8123	1.8213	1.8302
3.00	2.6917	2.7051	2.7185	2.7319	2.7453
4.00	3.5890	3.6069	3.6247	3.6426	3.6604
5.00	4.4863	4.5086	4.5309	4.5532	4.5756
6.00	5.3835	5.4103	5.4371	5.4639	5.4907
7.00	6.2808	6.3120	6.3433	6.3745	6.4058
8.00	7.1781	7.2138	7.2495	7.2852	7.3209
9.00	8.0753	8.1155	8.1557	8.1959	8.2360
10.00	8.9726	9.0172	9.0619	9.1065	9.1512
11.00	9.8699	9.9190	9.9681	10.0172	10.0663
12.00	10.7671	10.8207	10.8743	10.9278	10.9814
13.00	11.6644	11.7224	11.7804	11.8385	11.8965
14.00	12.5616	12.6241	12.6866	12.7491	12.8116
15.00	13.4589	13.5259	13.5928	13.6598	13.7268

	2060	2070	2080	2090	2100
.05	.0459	.0462	.0464	.0466	.0468
.10	.0919	.0924	.0928	.0932	.0937
.15	.1379	.1386	.1392	.1399	.1406
.20	.1839	.1848	.1857	.1865	.1874
.25	.2298	.2310	.2321	.2332	.2343
.30	.2758	.2772	.2785	.2798	.2812
.35	.3218	.3234	.3249	.3265	.3281
.40	.3678	.3696	.3714	.3731	.3749
.45	.4138	.4158	.4178	.4198	.4218
.50	.4597	.4620	.4642	.4664	.4687
.55	.5057	.5082	.5106	.5131	.5155
.60	.5517	.5544	.5571	.5597	.5624
.65	.5977	.6006	.6035	.6064	.6093
.70	.6437	.6468	.6499	.6530	.6562
.75	.6896	.6930	.6963	.6997	.7030
.80	.7356	.7392	.7428	.7463	.7499
.85	.7816	.7854	.7892	.7930	.7968
.90	.8276	.8316	.8356	.8396	.8436
.95	.8736	.8778	.8820	.8863	.8905
1.00	.9195	.9240	.9285	.9329	.9374
2.00	1.8391	1.8480	1.8570	1.8659	1.8748
3.00	2.7587	2.7721	2.7855	2.7989	2.8123
4.00	3.6783	3.6961	3.7140	3.7319	3.7497
5.00	4.5979	4.6202	4.6425	4.6648	4.6872
6.00	5.5175	5.5442	5.5710	5.5978	5.6246
7.00	6.4370	6.4683	6.4995	6.5308	6.5620
8.00	7.3566	7.3923	7.4280	7.4638	7.4995
9.00	8.2762	8.3164	8.3566	8.3967	8.4369
10.00	9.1958	9.2404	9.2851	9.3297	9.3744
11.00	10.1154	10.1645	10.2136	10.2627	10.3118
12.00	11.0350	11.0885	11.1421	11.1957	11.2492
13.00	11.9545	12.0126	12.0706	12.1286	12.1867
14.00	12.8741	12.9366	12.9991	13.0616	13.1241
15.00	13.7937	13.8607	13.9276	13.9946	14.0616

(43)

	2110	2120	2130	2140	2150
.05	.0470	.0473	.0475	.0477	.0479
.10	.0941	.0946	.0950	.0955	.0959
.15	.1412	.1419	.1426	.1432	.1439
.20	.1883	.1892	.1901	.1910	.1919
.25	.2354	.2365	.2377	.2388	.2399
.30	.2825	.2839	.2852	.2865	.2879
.35	.3296	.3312	.3327	.3343	.3359
.40	.3767	.3785	.3803	.3821	.3839
.45	.4238	.4258	.4278	.4298	.4318
.50	.4709	.4731	.4754	.4776	.4798
.55	.5180	.5205	.5229	.5254	.5278
.60	.5651	.5678	.5704	.5731	.5758
.65	.6122	.6151	.6180	.6209	.6238
.70	.6593	.6624	.6655	.6687	.6718
.75	.7064	.7097	.7131	.7164	.7198
.80	.7535	.7570	.7606	.7642	.7678
.85	.8006	.8044	.8082	.8120	.8157
.90	.8477	.8517	.8557	.8597	.8637
.95	.8948	.8990	.9032	.9075	.9117
1.00	.9419	.9463	.9508	.9552	.9597
2.00	1.8838	1.8927	1.9016	1.9105	1.9195
3.00	2.8257	2.8391	2.8524	2.8658	2.8792
4.00	3.7676	3.7854	3.8033	3.8211	3.8390
5.00	4.7095	4.7318	4.7541	4.7764	4.7988
6.00	5.6514	5.6782	5.7049	5.7317	5.7585
7.00	6.5933	6.6245	6.6558	6.6870	6.7183
8.00	7.5352	7.5709	7.6066	7.6423	7.6780
9.00	8.4771	8.5173	8.5574	8.5976	8.6378
10.00	9.4190	9.4636	9.5083	9.5529	9.5976
11.00	10.3609	10.4100	10.4591	10.5082	10.5573
12.00	11.3028	11.3564	11.4099	11.4635	11.5171
13.00	12.2447	12.3027	12.3608	12.4188	12.4768
14.00	13.1866	13.2491	13.3116	13.3741	13.4366
15.00	14.1285	14.1955	14.2624	14.3294	14.3964

(44)

	2160	2170	2180	2190	2200
.05	.0482	.0484	.0486	.0488	.0491
.10	.0964	.0968	.0973	.0977	.0982
.15	.1446	.1453	.1459	.1466	.1473
.20	.1928	.1937	.1946	.1955	.1964
.25	.2410	.2421	.2432	.2444	.2455
.30	.2892	.2906	.2919	.2932	.2946
.35	.3374	.3390	.3406	.3421	.3437
.40	.3856	.3874	.3892	.3910	.3928
.45	.4339	.4359	.4379	.4399	.4419
.50	.4821	.4843	.4865	.4888	.4910
.55	.5303	.5327	.5352	.5376	.5401
.60	.5785	.5812	.5838	.5865	.5892
.65	.6267	.6296	.6325	.6354	.6383
.70	.6749	.6780	.6812	.6843	.6874
.75	.7231	.7265	.7298	.7332	.7365
.80	.7713	.7749	.7785	.7820	.7856
.85	.8195	.8233	.8271	.8309	.8347
.90	.8678	.8718	.8758	.8798	.8838
.95	.9160	.9202	.9244	.9287	.9329
1.00	.9642	.9686	.9731	.9776	.9820
2.00	1.9284	1.9373	1.9463	1.9552	1.9641
3.00	2.8926	2.9060	2.9194	2.9328	2.9462
4.00	3.8568	3.8747	3.8926	3.9104	3.9283
5.00	4.8211	4.8434	4.8657	4.8880	4.9104
6.00	5.7853	5.8121	5.8389	5.8656	5.8924
7.00	6.7495	6.7808	6.8120	6.8433	6.8745
8.00	7.7137	7.7495	7.7852	7.8209	7.8566
9.00	8.6780	8.7181	8.7583	8.7985	8.8387
10.00	9.6422	9.6868	9.7315	9.7761	9.8208
11.00	10.6064	10.6555	10.7046	10.7537	10.8028
12.00	11.5706	11.6242	11.6778	11.7313	11.7849
13.00	12.5349	12.5929	12.6509	12.7090	12.7670
14.00	13.4991	13.5616	13.6241	13.6866	13.7491
15.00	14.4633	14.5303	14.5972	14.6642	14.7312

(45)

	2210	2220	2230	2240
.05	.0493	.0495	.0497	.0499
.10	.0986	.0991	.0995	.0999
.15	.1479	.1486	.1493	.1499
.20	.1973	.1982	.1990	.1999
.25	.2466	.2477	.2488	.2499
.30	.2959	.2973	.2986	.2999
.35	.3452	.3468	.3484	.3499
.40	.3946	.3964	.3981	.3999
.45	.4439	.4459	.4479	.4499
.50	.4932	.4955	.4977	.4999
.55	.5425	.5450	.5475	.5499
.60	.5919	.5946	.5972	.5999
.65	.6412	.6441	.6470	.6499
.70	.6905	.6937	.6968	.6999
.75	.7399	.7432	.7466	.7499
.80	.7892	.7928	.7963	.7999
.85	.8385	.8423	.8461	.8499
.90	.8878	.8919	.8959	.8999
.95	.9372	.9414	.9456	.9499
1.00	.9865	.9910	.9954	.9999
2.00	1.9730	1.9820	1.9909	1.9998
3.00	2.9596	2.9730	2.9864	2.9998
4.00	3.9461	3.9640	3.9818	3.9997
5.00	4.9327	4.9550	4.9773	4.9996
6.00	5.9192	5.9460	5.9728	5.9996
7.00	6.9058	6.9370	6.9683	6.9995
8.00	7.8923	7.9280	7.9637	7.9994
9.00	8.8788	8.9190	8.9592	8.9994
10.00	9.8654	9.9100	9.9547	9.9993
11.00	10.8519	10.9010	10.9501	10.9992
12.00	11.8385	11.8920	11.9456	11.9992
13.00	12.8250	12.8831	12.9411	12.9991
14.00	13.8116	13.8741	13.9366	13.9991
15.00	14.7981	14.8651	14.9320	14.9990

Table No. 2.

FOR COMPUTATION OF

10 to 2,000 Lbs. of Coal,

AT

A given price per net Ton.

The following Table shows the cost of 10 to 2,000 Lbs. of Coal, at $4.50, to $12.75 per net Ton.

The figures over the top of the page—10, 20, 30, 40, 50, &c.—denote Lbs. The figures on the side—4.50, 4.75, 5.00, &c.—denote the price per Ton.

Price per ton.	10	20	30	40	50
4.50	.022	.045	.067	.09	.112
4.75	.023	.047	.071	.095	.118
5.00	.025	.05	.075	.100	.125
5.25	.026	.052	.078	.105	.131
5.50	.027	.055	.082	.110	.137
5.75	.028	.057	.086	.115	.143
6.00	.030	.06	.090	.120	.150
6.25	.031	.062	.093	.125	.156
6.50	.032	.065	.097	.130	.162
6.75	.033	.067	.101	.135	.168
7.00	.035	.07	.105	.140	.175
7.25	.036	.072	.108	.145	.181
7.50	.037	.075	.112	.150	.187
7.75	.038	.077	.116	.155	.193
8.00	.040	.08	.120	.160	.200
8.25	.041	.082	.123	.165	.206
8.50	.042	.085	.127	.170	.212
8.75	.043	.087	.131	.175	.218
9.00	.045	.09	.135	.180	.225
9.25	.046	.092	.138	.185	.231
9.50	.047	.095	.142	.190	.237
9.75	.048	.097	.146	.195	.243
10.00	.050	.10	.150	.200	.250
10.25	.051	.102	.153	.205	.256
10.50	.052	.105	.157	.210	.262
10.75	.053	.107	.161	.215	.268
11.00	.055	.11	.165	.220	.275
11.25	.056	.112	.168	.225	.281
11.50	.057	.115	.172	.230	.287
11.75	.058	.117	.176	.235	.293
12.00	.060	.12	.180	.240	.300
12.25	.061	.122	.183	.245	.306
12.50	.062	.125	.187	.250	.312
12.75	.063	.127	.191	.255	.318

(50)

Price per ton.	60	70	80	90	100
4.50	.135	.157	.18	.202	.225
4.75	.142	.166	.19	.213	.237
5.00	.150	.175	.20	.225	.250
5.25	.157	.183	.21	.236	.262
5.50	.165	.192	.22	.247	.275
5.75	.172	.201	.23	.258	.287
6.00	.180	.210	.24	.270	.300
6.25	.187	.218	.25	.281	.312
6.50	.195	.227	.26	.292	.325
6.75	.202	.236	.27	.303	.337
7.00	.210	.245	.28	.315	.350
7.25	.217	.253	.29	.326	.362
7.50	.225	.262	.30	.337	.375
7.75	.232	.271	.31	.348	.387
8.00	.240	.280	.32	.360	.400
8.25	.247	.288	.33	.371	.412
8.50	.255	.297	.34	.382	.425
8.75	.262	.306	.35	.393	.437
9.00	.270	.315	.36	.405	.450
9.25	.277	.323	.37	.416	.462
9.50	.285	.332	.38	.427	.475
9.75	.292	.341	.39	.438	.487
10.00	.300	.350	.40	.450	.500
10.25	.307	.358	.41	.461	.512
10.50	.315	.367	.42	.472	.525
10.75	.322	.376	.43	.483	.537
11.00	.330	.385	.44	.495	.550
11.25	.337	.393	.45	.506	.562
11.50	.345	.402	.46	.517	.575
11.75	.352	.411	.47	.528	.587
12.00	.360	.420	.48	.540	.600
12.25	.367	.428	.49	.551	.612
12.50	.375	.437	.50	.562	.625
12.75	.382	.446	.51	.573	.637

(51)

Price per ton.	110	120	130	140	150
4.50	.247	.27	.292	.315	.337
4.75	.261	.285	.308	.332	.356
5.00	.275	.300	.325	.350	.375
5.25	.288	.315	.341	.367	.393
5.50	.302	.330	.357	.385	.412
5.75	.316	.345	.373	.402	.431
6.00	.330	.360	.390	.420	.450
6.25	.343	.375	.406	.437	.468
6.50	.357	.390	.422	.455	.487
6.75	.371	.405	.438	.472	.506
7.00	.385	.420	.455	.490	.525
7.25	.398	.435	.471	.507	.543
7.50	.412	.450	.487	.525	.562
7.75	.426	.465	.503	.542	.581
8.00	.440	.480	.520	.560	.600
8.25	.453	.495	.536	.577	.618
8.50	.467	.510	.552	.595	.637
8.75	.481	.525	.568	.612	.656
9.00	.495	.540	.585	.630	.675
9.25	.508	.555	.601	.647	.693
9.50	.522	.570	.617	.665	.712
9.75	.536	.585	.633	.682	.731
10.00	.550	.600	.650	.700	.750
10.25	.563	.615	.666	.717	.768
10.50	.577	.630	.682	.735	.787
10.75	.591	.645	.698	.752	.806
11.00	.605	.660	.715	.770	.825
11.25	.618	.675	.731	.787	.843
11.50	.632	.690	.747	.805	.862
11.75	.646	.705	.763	.822	.881
12.00	.660	.720	.780	.840	.900
12.25	.673	.735	.796	.857	.918
12.50	.687	.750	.812	.875	.937
12.75	.701	.765	.828	.892	.956

(52)

Price per ton.	160	170	180	190	200
4.50	.36	.382	.405	.427	.45
4.75	.38	.403	.427	.451	.475
5.00	.40	.425	.450	.475	.500
5.25	.42	.446	.472	.498	.525
5.50	.44	.467	.495	.522	.550
5.75	.46	.488	.517	.546	.575
6.00	.48	.510	.540	.570	.600
6.25	.50	.531	.562	.593	.625
6.50	.52	.552	.585	.617	.650
6.75	.54	.573	.607	.641	.675
7.00	.56	.595	.630	.665	.700
7.25	.58	.616	.652	.688	.725
7.50	.60	.637	.675	.712	.750
7.75	.62	.658	.697	.736	.775
8.00	.64	.680	.720	.760	.800
8.25	.66	.701	.742	.783	.825
8.50	.68	.722	.765	.807	.850
8.75	.70	.743	.787	.831	.875
9.00	.72	.765	.810	.855	.900
9.25	.74	.786	.832	.878	.925
9.50	.76	.807	.855	.902	.950
9.75	.78	.828	.877	.926	.975
10.00	.80	.850	.900	.950	1.000
10.25	.82	.871	.922	.973	1.025
10.50	.84	.892	.945	.997	1.050
10.75	.86	.913	.967	1.021	1.075
11.00	.88	.935	.990	1.045	1.100
11.25	.90	.956	1.012	1.068	1.125
11.50	.92	.977	1.035	1.092	1.150
11.75	.94	.998	1.057	1.116	1.175
12.00	.96	1.020	1.080	1.140	1.200
12.25	.98	1.041	1.102	1.163	1.225
12.50	1.00	1.062	1.125	1.187	1.250
12.75	1.02	1.083	1.147	1.211	1.275

(53)

Price per ton.	210	220	230	240	250
4.50	.472	.495	.517	.54	.562
4.75	.498	.522	.546	.57	.593
5.00	.525	.550	.575	.60	.625
5.25	.551	.577	.603	.63	.656
5.50	.577	.605	.632	.66	.687
5.75	.603	.632	.661	.69	.718
6.00	.630	.660	.690	.72	.750
6.25	.656	.687	.718	.75	.781
6.50	.682	.715	.747	.78	.812
6.75	.708	.742	.776	.81	.843
7.00	.735	.770	.805	.84	.875
7.25	.761	.797	.833	.87	.906
7.50	.787	.825	.862	.90	.937
7.75	.813	.852	.891	.93	.968
8.00	.840	.880	.920	.96	1.000
8.25	.866	.907	.948	.99	1.031
8.50	.892	.935	.977	1.02	1.062
8.75	.918	.962	1.006	1.05	1.093
9.00	.945	.990	1.035	1.08	1.125
9.25	.971	1.017	1.063	1.11	1.156
9.50	.997	1.045	1.092	1.14	1.187
9.75	1.023	1.072	1.121	1.17	1.218
10.00	1.050	1.100	1.150	1.20	1.250
10.25	1.076	1.127	1.178	1.23	1.281
10.50	1.102	1.155	1.207	1.26	1.312
10.75	1.128	1.182	1.236	1.29	1.343
11.00	1.155	1.210	1.265	1.32	1.375
11.25	1.181	1.237	1.293	1.35	1.406
11.50	1.207	1.265	1.322	1.38	1.437
11.75	1.233	1.292	1.351	1.41	1.468
12.00	1.260	1.320	1.380	1.44	1.500
12.25	1.286	1.347	1.408	1.47	1.531
12.50	1.312	1.375	1.437	1.50	1.562
12.75	1.338	1.402	1.466	1.53	1.593

Price per ton.	260	270	280	290	300
4.50	.585	.607	.63	.652	.675
4.75	.617	.641	.665	.688	.712
5.00	.650	.675	.700	.725	.750
5.25	.682	.708	.735	.761	.787
5.50	.715	.742	.770	.797	.825
5.75	.747	.776	.805	.833	.862
6.00	.780	.810	.840	.870	.900
6.25	.812	.843	.875	.906	.937
6.50	.845	.877	.910	.942	.975
6.75	.877	.911	.945	.978	1.012
7.00	.910	.945	.980	1.015	1.050
7.25	.942	.978	1.015	1.051	1.087
7.50	.975	1.012	1.050	1.087	1.125
7.75	1.007	1.046	1.085	1.123	1.162
8.00	1.040	1.080	1.120	1.160	1.200
8.25	1.072	1.113	1.155	1.196	1.237
8.50	1.105	1.147	1.190	1.232	1.275
8.75	1.137	1.181	1.225	1.268	1.312
9.00	1.170	1.215	1.260	1.305	1.350
9.25	1.202	1.248	1.295	1.341	1.387
9.50	1.235	1.282	1.330	1.377	1.425
9.75	1.267	1.316	1.365	1.413	1.462
10.00	1.300	1.350	1.400	1.450	1.500
10.25	1.332	1.383	1.435	1.486	1.537
10.50	1.365	1.417	1.470	1.522	1.575
10.75	1.397	1.451	1.505	1.558	1.612
11.00	1.430	1.485	1.540	1.595	1.650
11.25	1.462	1.518	1.575	1.631	1.687
11.50	1.495	1.552	1.610	1.667	1.725
11.75	1.527	1.586	1.645	1.703	1.762
12.00	1.560	1.620	1.680	1.740	1.800
12.25	1.592	1.653	1.715	1.776	1.837
12.50	1.625	1.687	1.750	1.812	1.875
12.75	1.657	1.721	1.785	1.848	1.912

Price per ton.	310	320	330	340	350
4.50	.697	.72	.742	.765	.787
4.75	.736	.76	.783	.807	.831
5.00	.775	.80	.825	.850	.875
5.25	.813	.84	.866	.892	.918
5.50	.852	.88	.907	.935	.962
5.75	.891	.92	.948	.977	1.006
6.00	.930	.96	.990	1.020	1.050
6.25	.968	1.00	1.031	1.062	1.093
6.50	1.007	1.04	1.072	1.105	1.137
6.75	1.046	1.08	1.113	1.147	1.181
7.00	1.085	1.12	1.155	1.190	1.225
7.25	1.123	1.16	1.196	1.232	1.268
7.50	1.162	1.20	1.237	1.275	1.312
7.75	1.201	1.24	1.278	1.317	1.356
8.00	1.240	1.28	1.320	1.360	1.400
8.25	1.278	1.32	1.361	1.402	1.443
8.50	1.317	1.36	1.402	1.445	1.487
8.75	1.356	1.40	1.443	1.487	1.531
9.00	1.395	1.44	1.485	1.530	1.575
9.25	1.433	1.48	1.526	1.572	1.618
9.50	1.472	1.52	1.567	1.615	1.662
9.75	1.511	1.56	1.608	1.657	1.706
10.00	1.550	1.60	1.650	1.700	1.750
10.25	1.588	1.64	1.691	1.742	1.793
10.50	1.627	1.68	1.732	1.785	1.837
10.75	1.666	1.72	1.773	1.827	1.881
11.00	1.705	1.76	1.815	1.870	1.925
11.25	1.743	1.80	1.856	1.912	1.968
11.50	1.782	1.84	1.897	1.955	2.012
11.75	1.821	1.88	1.938	1.997	2.056
12.00	1.860	1.92	1.980	2.040	2.100
12.25	1.898	1.96	2.021	2.082	2.143
12.50	1.937	2.00	2.062	2.125	2.187
12.75	1.976	2.04	2.103	2.167	2.231

Price per ton.	360	370	380	390	400
4.50	.81	.832	.855	.877	.90
4.75	.855	.878	.902	.926	.95
5.00	.900	.925	.950	.975	1.00
5.25	.945	.971	.997	1.023	1.05
5.50	.990	1.017	1.045	1.072	1.10
5.75	1.035	1.063	1.092	1.121	1.15
6.00	1.080	1.110	1.140	1.170	1.20
6.25	1.125	1.156	1.187	1.218	1.25
6.50	1.170	1.202	1.235	1.267	1.30
6.75	1.215	1.248	1.282	1.316	1.35
7.00	1.260	1.295	1.330	1.365	1.40
7.25	1.305	1.341	1.377	1.413	1.45
7.50	1.350	1.387	1.425	1.462	1.50
7.75	1.395	1.433	1.472	1.511	1.55
8.00	1.440	1.480	1.520	1.560	1.60
8.25	1.485	1.526	1.567	1.608	1.65
8.50	1.530	1.572	1.615	1.657	1.70
8.75	1.575	1.618	1.662	1.706	1.75
9.00	1.620	1.665	1.710	1.755	1.80
9.25	1.665	1.711	1.757	1.803	1.85
9.50	1.710	1.757	1.805	1.852	1.90
9.75	1.755	1.803	1.852	1.901	1.95
10.00	1.800	1.850	1.900	1.950	2.00
10.25	1.845	1.896	1.947	1.998	2.05
10.50	1.890	1.942	1.995	2.047	2.10
10.75	1.935	1.988	2.042	2.096	2.15
11.00	1.980	2.035	2.090	2.145	2.20
11.25	2.025	2.081	2.137	2.193	2.25
11.50	2.070	2.127	2.185	2.242	2·30
11.75	2.115	2.173	2.232	2.291	2.35
12.00	2.160	2.220	2.280	2.340	2.40
12.25	2.205	2.266	2.327	2.388	2.45
12.50	2.250	2.312	2.375	2.437	2.50
12.75	2.295	2.358	2.422	2.486	2.55

(57)

Price per ton.	410	420	430	440	450
4.50	.922	.945	.967	.99	1.012
4.75	.973	.997	1.021	1.045	1.068
5.00	1.025	1.050	1.075	1.100	1.125
5.25	1.076	1.102	1.128	1.155	1.181
5.50	1.127	1.155	1.182	1.210	1.237
5.75	1.178	1.207	1.236	1.265	1.293
6.00	1.230	1.260	1.290	1.320	1.350
6.25	1.281	1.312	1.343	1.375	1.406
6.50	1.332	1.365	1.397	1.430	1.462
6.75	1.383	1.417	1.451	1.485	1.518
7.00	1.435	1.470	1.505	1.540	1.575
7.25	1.486	1.522	1.558	1.595	1.631
7.50	1.537	1.575	1.612	1.650	1.687
7.75	1.588	1.627	1.666	1.705	1.743
8.00	1.640	1.680	1.720	1.760	1.800
8.25	1.691	1.732	1.773	1.815	1.856
8.50	1.742	1.785	1.827	1.870	1.912
8.75	1.793	1.837	1.881	1.925	1.968
9.00	1.845	1.890	1.935	1.980	2.025
9.25	1.896	1.942	1.988	2.035	2.081
9.50	1.947	1.995	2.042	2.090	2.137
9.75	1.998	2.047	2.096	2.145	2.193
10.00	2.050	2.100	2.150	2.200	2.250
10.25	2.101	2.152	2.203	2.255	2.306
10.50	2.152	2.205	2.257	2.310	2.362
10.75	2.203	2.257	2.311	2.365	2.418
11.00	2.255	2.310	2.365	2.420	2.475
11.25	2.306	2.362	2.418	2.475	2.531
11.50	2.357	2.415	2.472	2.530	2.587
11.75	2.408	2.467	2.526	2.585	2.643
12.00	2.460	2.520	2.580	2.640	2.700
12.25	2.511	2.572	2.633	2.695	2.756
12.50	2.562	2.625	2.687	2.750	2.812
12.75	2.613	2.677	2.741	2.805	2.868

(58)

Price per ton.	460	470	480	490	500
4.50	1.035	1.057	1.080	1.102	1.125
4.75	1.092	1.116	1.140	1.163	1.187
5.00	1.150	1.175	1.200	1.225	1.250
5.25	1.207	1.233	1.260	1.286	1.312
5.50	1.265	1.292	1.320	1.347	1.375
5.75	1.322	1.351	1.380	1.408	1.437
6.00	1.380	1.410	1.440	1.470	1.500
6.25	1.437	1.468	1.500	1.531	1.562
6.50	1.495	1.527	1.560	1.592	1.625
6.75	1.552	1.586	1.620	1.653	1.687
7.00	1.610	1.645	1.680	1.715	1.750
7.25	1.667	1.703	1.740	1.776	1.812
7.50	1.725	1.762	1.800	1.837	1.875
7.75	1.782	1.821	1.860	1.898	1.937
8.00	1.840	1.880	1.920	1.960	2.000
8.25	1.897	1.938	1.980	2.021	2.062
8.50	1.955	1.997	2.040	2.082	2.125
8.75	2.012	2.056	2.100	2.143	2.187
9.00	2.070	2.115	2.160	2.205	2.250
9.25	2.127	2.173	2.220	2.266	2.312
9.50	2.185	2.232	2.280	2.327	2.375
9.75	2.242	2.291	2.340	2.388	2.437
10.00	2.300	2.350	2.400	2.450	2.500
10.25	2.357	2.408	2.460	2.511	2.562
10.50	2.415	2.467	2.520	2.572	2.625
10.75	2.472	2.526	2.580	2.633	2.687
11.00	2.530	2.585	2.640	2.695	2.750
11.25	2.587	2.643	2.700	2.756	2.812
11.50	2.645	2.702	2.760	2.817	2.875
11.75	2.702	2.761	2.820	2.878	2.937
12.00	2.760	2.820	2.880	2.940	3.000
12.25	2.817	2.878	2.940	3.001	3.062
12.50	2.875	2.937	3.000	3.062	3.125
12.75	2.932	2.996	3.060	3.123	3.187

Price per ton.	510	520	530	540	550
4.50	1.147	1.170	1.192	1.215	1.237
4.75	1.211	1.235	1.258	1.282	1.306
5.00	1.275	1.300	1.325	1.350	1.375
5.25	1.338	1.365	1.391	1.417	1.443
5.50	1.402	1.430	1.457	1.485	1.512
5.75	1.466	1.495	1.523	1.552	1.581
6.00	1.530	1.560	1.590	1.620	1.650
6.25	1.593	1.625	1.656	1.687	1.718
6.50	1.657	1.690	1.722	1.755	1.787
6.75	1.721	1.755	1.788	1.822	1.856
7.00	1.785	1.820	1.855	1.890	1.925
7.25	1.848	1.885	1.921	1.957	1.993
7.50	1.912	1.950	1.987	2.025	2.062
7.75	1.976	2.015	2.053	2.092	2.131
8.00	2.040	2.080	2.120	2.160	2.200
8.25	2.103	2.145	2.186	2.227	2.268
8.50	2.167	2.210	2.252	2.295	2.337
8.75	2.231	2.275	2.318	2.362	2.406
9.00	2.295	2.340	2.385	2.430	2.475
9.25	2.358	2.405	2.451	2.497	2.543
9.50	2.422	2.470	2.517	2.565	2.612
9.75	2.486	2.535	2.583	2.632	2.681
10.00	2.550	2.600	2.650	2.700	2.750
10.25	2.613	2.665	2.716	2.767	2.818
10.50	2.677	2.730	2.782	2.835	2.887
10.75	2.741	2.795	2.848	2.902	2.956
11.00	2.805	2.860	2.915	2.970	3.025
11.25	2.868	2.925	2.981	3.037	3.093
11.50	2.932	2.990	3.047	3.105	3.162
11.75	2.996	3.055	3.113	3.172	3.231
12.00	3.060	3.120	3.180	3.240	3.300
12.25	3.123	3.185	3.246	3.307	3.368
12.50	3.187	3.250	3.312	3.375	3.437
12.75	3.251	3.315	3.378	3.442	3.506

(60)

Price per ton.	560	570	580	590	600
4.50	1.260	1.282	1.305	1.327	1.350
4.75	1.330	1.353	1.377	1.401	1.425
5.00	1.400	1.425	1.450	1.475	1.500
5.25	1.470	1.496	1.522	1.548	1.575
5.50	1.540	1.567	1.595	1.622	1.650
5.75	1.610	1.638	1.667	1.696	1.725
6.00	1.680	1.710	1.740	1.770	1.800
6.25	1.750	1.781	1.812	1.843	1.875
6.50	1.820	1.852	1.885	1.917	1.950
6.75	1.890	1.923	1.957	1.991	2.025
7.00	1.960	1.995	2.030	2.065	2.100
7.25	2.030	2.066	2.102	2.138	2.175
7.50	2.100	2.137	2.175	2.212	2.250
7.75	2.170	2.208	2.247	2.286	2.325
8.00	2.240	2.280	2.320	2.360	2.400
8.25	2.310	2.351	2.392	2.433	2.475
8.50	2.380	2.422	2.465	2.507	2.550
8.75	2.450	2.493	2.537	2.581	2.625
9.00	2.520	2.565	2.610	2.655	2.700
9.25	2.590	2.636	2.682	2.728	2.775
9.50	2.660	2.707	2.755	2.802	2.850
9.75	2.730	2.778	2.827	2.876	2.925
10.00	2.800	2.850	2.900	2.950	3.000
10.25	2.870	2.921	2.972	3.023	3.075
10.50	2.940	2.992	3.045	3.097	3.150
10.75	3.010	3.063	3.117	3.171	3.225
11.00	3.080	3.135	3.190	3.245	3.300
11.25	3.150	3.206	3.262	3.318	3.375
11.50	3.220	3.277	3.335	3.392	3.450
11.75	3.290	3.348	3.407	3.466	3.525
12.00	3.360	3.420	3.480	3.540	3.600
12.25	3.430	3.491	3.552	3.613	3.675
12.50	3.500	3.562	3.625	3.687	3.750
12.75	3.570	3.633	3.697	3.761	3.825

Price per ton.	610	620	630	640	650
4.50	1.372	1.395	1.417	1.440	1.462
4.75	1.448	1.472	1.496	1.520	1.543
5.00	1.525	1.550	1.575	1.600	1.625
5.25	1.601	1.627	1.653	1.680	1.706
5.50	1.677	1.705	1.732	1.760	1.787
5.75	1.753	1.782	1.811	1.840	1.868
6.00	1.830	1.860	1.890	1.920	1.950
6.25	1.906	1.937	1.968	2.000	2.031
6.50	1.982	2.015	2.047	2.080	2.112
6.75	2.058	2.092	2.126	2.160	2.193
7.00	2.135	2.170	2.205	2.240	2.275
7.25	2.211	2.247	2.283	2.320	2.356
7.50	2.287	2.325	2.362	2.400	2.437
7.75	2.363	2.402	2.441	2.480	2.518
8.00	2.440	2.480	2.520	2.560	2.600
8.25	2.516	2.557	2.598	2.640	2.681
8.50	2.592	2.635	2.677	2.720	2.762
8.75	2.668	2.712	2.756	2.800	2.843
9.00	2.745	2.790	2.835	2.880	2.925
9.25	2.821	2.867	2.913	2.960	3.006
9.50	2.897	2.945	2.992	3.040	3.087
9.75	2.973	3.022	3.071	3.120	3.168
10.00	3.050	3.100	3.150	3.200	3.250
10.25	3.126	3.177	3.228	3.280	3.331
10.50	3.202	3.255	3.307	3.360	3.412
10.75	3.278	3.332	3.386	3.440	3.493
11.00	3.355	3.410	3.465	3.520	3.575
11.25	3.431	3.487	3.543	3.600	3.656
11.50	3.507	3.565	3.622	3.680	3.737
11.75	3.583	3.642	3.701	3.760	3.818
12.00	3.660	3.720	3.780	3.840	3.900
12.25	3.736	3.797	3.858	3.920	3.981
12.50	3.812	3.875	3.937	4.000	4.062
12.75	3.883	3.952	4.016	4.080	4.143

Price per ton.	660	670	680	690	700
4.50	1.485	1.507	1.530	1.552	1.575
4.75	1.567	1.591	1.615	1.638	1.662
5.00	1.650	1.675	1.700	1.725	1.750
5.25	1.732	1.758	1.785	1.811	1.837
5.50	1.815	1.842	1.870	1.897	1.925
5.75	1.897	1.926	1.955	1.983	2.012
6.00	1.980	2.010	2.040	2.070	2.100
6.25	2.062	2.093	2.125	2.156	2.187
6.50	2.145	2.177	2.210	2.242	2.275
6.75	2.227	2.261	2.295	2.328	2.362
7.00	2.310	2.345	2.380	2.415	2.450
7.25	2.392	2.428	2.465	2.501	2.537
7.50	2.475	2.512	2.550	2.587	2.625
7.75	2.557	2.596	2.635	2.673	2.712
8.00	2.640	2.680	2.720	2.760	2.800
8.25	2.722	2.763	2.805	2.846	2.887
8.50	2.805	2.847	2.890	2.932	2.975
8.75	2.887	2.931	2.975	3.018	3.062
9.00	2.970	3.015	3.060	3.105	3.150
9.25	3.052	3.098	3.145	3.191	3.237
9.50	3.135	3.182	3.230	3.277	3.325
9.75	3.217	3.266	3.315	3.363	3.412
10.00	3.300	3.350	3.400	3.450	3.500
10.25	3.382	3.433	3.485	3.536	3.587
10.50	3.465	3.517	3.570	3.622	3.675
10.75	3.547	3.601	3.655	3.708	3.762
11.00	3.630	3.685	3.740	3.795	3.850
11.25	3.712	3.768	3.825	3.881	3.937
11.50	3.795	3.852	3.910	3.967	4.025
11.75	3.877	3.936	3.995	4.053	4.112
12.00	3.960	4.020	4.080	4.140	4.200
12.25	4.042	4.103	4.165	4.226	4.287
12.50	4.125	4.187	4.250	4.312	4.375
12.75	4.207	4.271	4.335	4.398	4.462

(63)

Price per ton.	710	720	730	740	750
4.50	1.597	1.620	1.642	1.665	1.687
4.75	1.686	1.710	1.733	1.757	1.781
5.00	1.775	1.800	1.825	1.850	1.875
5.25	1.863	1.890	1.916	1.942	1.968
5.50	1.952	1.980	2.007	2.035	2.062
5.75	2.041	2.070	2.098	2.127	2.156
6.00	2.130	2.160	2.190	2.220	2.250
6.25	2.218	2.250	2.281	2.312	2.343
6.50	2.307	2.340	2.372	2.405	2.437
6.75	2.396	2.430	2.463	2.497	2.531
7.00	2.485	2.520	2.555	2.590	2.625
7.25	2.573	2.610	2.646	2.682	2.718
7.50	2.662	2.700	2.737	2.775	2.812
7.75	2.751	2.790	2.828	2.867	2.906
8.00	2.840	2.880	2.920	2.960	3.000
8.25	2.928	2.970	3.011	3.052	3.093
8.50	3.017	3.060	3.102	3.145	3.187
8.75	3.106	3.150	3.193	3.237	3.281
9.00	3.195	3.240	3.285	3.330	3.375
9.25	3.283	3.330	3.376	3.422	3.468
9.50	3.372	3.420	3.467	3.515	3.562
9.75	3.461	3.510	3.558	3.607	3.656
10.00	3.550	3.600	3.650	3.700	3.750
10.25	3.638	3.690	3.741	3.792	3.843
10.50	3.727	3.780	3.832	3.885	3.937
10.75	3.816	3.870	3.923	3.977	4.031
11.00	3.905	3.960	4.015	4.070	4.125
11.25	3.993	4.050	4.106	4.162	4.218
11.50	4.082	4.140	4.197	4.255	4.312
11.75	4.171	4.230	4.288	4.347	4.406
12.00	4.260	4.320	4.380	4.440	4.500
12.25	4.348	4.410	4.471	4.532	4.593
12.50	4.437	4.500	4.562	4.625	4.687
12.75	4.526	4.590	4.653	4.717	4.781

(64)

Price per ton.	760	770	780	790	800
4.50	1.710	1.732	1.755	1.777	1.800
4.75	1.805	1.828	1.852	1.876	1.900
5.00	1.900	1.925	1.950	1.975	2.000
5.25	1.995	2.021	2.047	2.073	2.100
5.50	2.090	2.117	2.145	2.172	2.200
5.75	2.185	2.213	2.242	2.271	2.300
6.00	2.280	2.310	2.340	2.370	2.400
6.25	2.375	2.406	2.437	2.468	2.500
6.50	2.470	2.502	2.535	2.567	2.600
6.75	2.565	2.598	2.632	2.666	2.700
7.00	2.660	2.695	2.730	2.765	2.800
7.25	2.755	2.791	2.827	2.863	2.900
7.50	2.850	2.887	2.925	2.962	3.000
7.75	2.945	2.983	3.022	3.061	3.100
8.00	3.040	3.080	3.120	3.160	3.200
8.25	3.135	3.176	3.217	3.258	3.300
8.50	3.230	3.272	3.315	3.357	3.400
8.75	3.325	3.368	3.412	3.456	3.500
9.00	3.420	3.465	3.510	3.555	3.600
9.25	3.515	3.561	3.607	3.653	3.700
9.50	3.610	3.657	3.705	3.752	3.800
9.75	3.705	3.753	3.802	3.851	3.900
10.00	3.800	3.850	3.900	3.950	4.000
10.25	3.895	3.946	3.997	4.048	4.100
10.50	3.990	4.042	4.095	4.147	4.200
10.75	4.085	4.138	4.192	4.246	4.300
11.00	4.180	4.235	4.290	4.345	4.400
11.25	4.275	4.331	4.387	4.443	4.500
11.50	4.370	4.427	4.485	4.542	4.600
11.75	4.465	4.523	4.582	4.641	4.700
12.00	4.560	4.620	4.680	4.740	4.800
12.25	4.655	4.716	4.777	4.838	4.900
12.50	4.750	4.812	4.875	4.937	5.000
12.75	4.845	4.908	4.972	5.036	5.100

(65)

Price per ton.	810	820	830	840	850
4.50	1.822	1.845	1.867	1.890	1.912
4.75	1.923	1.947	1.971	1.995	2.018
5.00	2.025	2.050	2.075	2.100	2.125
5.25	2.126	2.152	2.178	2.205	2.231
5.50	2.227	2.255	2.282	2.310	2.337
5.75	2.328	2.357	2.386	2.415	2.443
6.00	2.430	2.460	2.490	2.520	2.550
6.25	2.531	2.562	2.593	2.625	2.656
6.50	2.632	2.665	2.697	2.730	2.762
6.75	2.733	2.767	2.801	2.835	2.868
7.00	2.835	2.870	2.905	2.940	2.975
7.25	2.936	2.972	3.008	3.045	3.081
7.50	3.037	3.075	3.112	3.150	3.187
7.75	3.138	3.177	3.216	3.255	3.293
8.00	3.240	3.280	3.320	3.360	3.400
8.25	3.341	3.382	3.423	3.465	3.506
8.50	3.442	3.485	3.527	3.570	3.612
8.75	3.543	3.587	3.631	3.675	3.718
9.00	3.645	3.690	3.735	3.780	3.825
9.25	3.746	3.792	3.838	3.885	3.931
9.50	3.847	3.895	3.942	3.990	4.037
9.75	3.948	3.997	4.046	4.095	4.143
10.00	4.050	4.100	4.150	4.200	4.250
10.25	4.151	4.202	4.253	4.305	4.356
10.50	4.252	4.305	4.357	4.410	4.462
10.75	4.353	4.407	4.461	4.515	4.568
11.00	4.455	4.510	4.565	4.620	4.675
11.25	4.556	4.612	4.668	4.725	4.781
11.50	4.657	4.715	4.772	4.830	4.887
11.75	4.758	4.817	4.876	4.935	4.993
12.00	4.860	4.920	4.980	5.040	5.100
12.25	4.961	5.022	5.083	5.145	5.206
12.50	5.062	5.125	5.187	5.250	5.312
12.75	5.163	5.227	5.291	5.355	5.418

Price per ton.	860	870	880	890	900
4.50	1.935	1.957	1.980	2.002	2.025
4.75	2.042	2.066	2.090	2.113	2.137
5.00	2.150	2.175	2.200	2.225	2.250
5.25	2.257	2.283	2.310	2.336	2.362
5.50	2.365	2.392	2.420	2.447	2.475
5.75	2.472	2.501	2.530	2.558	2.587
6.00	2.580	2.610	2.640	2.670	2.700
6.25	2.687	2.718	2.750	2.781	2.812
6.50	2.795	2.827	2.860	2.892	2.925
6.75	2.902	2.936	2.970	3.003	3.037
7.00	3.010	3.045	3.080	3.115	3.150
7.25	3.117	3.153	3.190	3.226	3.262
7.50	3.225	3.262	3.300	3.337	3.375
7.75	3.332	3.371	3.410	3.448	3.487
8.00	3.440	3.480	3.520	3.560	3.600
8.25	3.547	3.588	3.630	3.671	3.712
8.50	3.655	3.697	3.740	3.782	3.825
8.75	3.762	3.806	3.850	3.893	3.937
9.00	3.870	3.915	3.960	4.005	4.050
9.25	3.977	4.023	4.070	4.116	4.162
9.50	4.085	4.132	4.180	4.227	4.275
9.75	4.192	4.241	4.290	4.338	4.387
10.00	4.300	4.350	4.400	4.450	4.500
10.25	4.407	4.458	4.510	4.561	4.612
10.50	4.515	4.567	4.620	4.672	4.725
10.75	4.622	4.676	4.730	4.783	4.837
11.00	4.730	4.785	4.840	4.895	4.950
11.25	4.837	4.893	4.950	5.006	5.062
11.50	4.945	5.002	5.060	5.117	5.175
11.75	5.052	5.111	5.170	5.228	5.287
12.00	5.160	5.220	5.280	5.340	5.400
12.25	5.267	5.328	5.390	5.451	5.512
12.50	5.375	5.437	5.500	5.562	5.625
12.75	5.482	5.546	5.610	5.673	5.737

(67)

Price per ton.	910	920	930	940	950
4.50	2.047	2.070	2.092	2.115	2.137
4.75	2.161	2.185	2.208	2.232	2.256
5.00	2.275	2.300	2.325	2.350	2.375
5.25	2.388	2.415	2.441	2.467	2.493
5.50	2.502	2.530	2.557	2.585	2.612
5.75	2.616	2.645	2.673	2.702	2.731
6.00	2.730	2.760	2.790	2.820	2.850
6.25	2.843	2.875	2.906	2.937	2.968
6.50	2.957	2.990	3.022	3.055	3.087
6.75	3.071	3.105	3.138	3.172	3.206
7.00	3.185	3.220	3.255	3.290	3.325
7.25	3.298	3.335	3.371	3.407	3.443
7.50	3.412	3.450	3.487	3.525	3.562
7.75	3.526	3.565	3.603	3.642	3.681
8.00	3.640	3.680	3.720	3.760	3.800
8.25	3.753	3.795	3.836	3.877	3.918
8.50	3.867	3.910	3.952	3.995	4.037
8.75	3.981	4.025	4.068	4.112	4.156
9.00	4.095	4.140	4.185	4.230	4.275
9.25	4.208	4.255	4.301	4.347	4.393
9.50	4.322	4.370	4.417	4.465	4.512
9.75	4.436	4.485	4.533	4.582	4.631
10.00	4.550	4.600	4.650	4.700	4.750
10.25	4.663	4.715	4.766	4.817	4.868
10.50	4.777	4.830	4.882	4.935	4.987
10.75	4.891	4.945	4.998	5.052	5.106
11.00	5.005	5.060	5.115	5.170	5.225
11.25	5.118	5.175	5.231	5.287	5.343
11.50	5.232	5.290	5.347	5.405	5.462
11.75	5.346	5.405	5.463	5.522	5.581
12.00	5.460	5.520	5.580	5.640	5.700
12.25	5.573	5.635	5.696	5.757	5.818
12.50	5.687	5.750	5.812	5.875	5.937
12.75	5.801	5.865	5.928	5.992	6.056

Price per ton.	960	970	980	990	1000
4.50	2.160	2.182	2.205	2.227	2.25
4.75	2.280	2.303	2.327	2.351	2.375
5.00	2.400	2.425	2.450	2.475	2.500
5.25	2.520	2.546	2.572	2.598	2.625
5.50	2.640	2.667	2.695	2.722	2.750
5.75	2.760	2.788	2.817	2.846	2.875
6.00	2.880	2.910	2.940	2.970	3.000
6.25	3.000	3.031	3.062	3.093	3.125
6.50	3.120	3.152	3.185	3.217	3.250
6.75	3.240	3.273	3.307	3.341	3.375
7.00	3.360	3.395	3.430	3.465	3.500
7.25	3.480	3.516	3.552	3.588	3.625
7.50	3.600	3.637	3.675	3.712	3.750
7.75	3.720	3.758	3.797	3.836	3.875
8.00	3.840	3.880	3.920	3.960	4.000
8.25	3.960	4.001	4.042	4.083	4.125
8.50	4.080	4.122	4.165	4.207	4.250
8.75	4.200	4.243	4.287	4.331	4.375
9.00	4.320	4.365	4.410	4.455	4.500
9.25	4.440	4.486	4.532	4.578	4.625
9.50	4.560	4.607	4.655	4.702	4.750
9.75	4.680	4.728	4.777	4.826	4.875
10.00	4.800	4.850	4.900	4.950	5.000
10.25	4.920	4.971	5.022	5.073	5.125
10.50	5.040	5.092	5.145	5.197	5.250
10.75	5.160	5.213	5.267	5.321	5.375
11.00	5.280	5.335	5.390	5.445	5.500
11.25	5.400	5.456	5.512	5.568	5.625
11.50	5.520	5.577	5.635	5.692	5.750
11.75	5.640	5.698	5.757	5.816	5.875
12.00	5.760	5.820	5.880	5.940	6.000
12.25	5.880	5.941	6.002	6.063	6.125
12.50	6.000	6.062	6.125	6.187	6.250
12.75	6.120	6.183	6.247	6.311	6.375

Price per ton.	1010	1020	1030	1040	1050
4.50	2.272	2.295	2.317	2.34	2.362
4.75	2.398	2.422	2.446	2.47	2.493
5.00	2.525	2.550	2.575	2.60	2.625
5.25	2.651	2.677	2.703	2.73	2.756
5.50	2.777	2.805	2.832	2.86	2.887
5.75	2.903	2.932	2.961	2.99	3.018
6.00	3.030	3.060	3.090	3.12	3.150
6.25	3.156	3.187	3.218	3.25	3.281
6.50	3.282	3.315	3.347	3.38	3.412
6.75	3.408	3.442	3.476	3.51	3.543
7.00	3.535	3.570	3.605	3.64	3.675
7.25	3.661	3.697	3.733	3.77	3.806
7.50	3.787	3.825	3.862	3.90	3.937
7.75	3.913	3.952	3.991	4.03	4.068
8.00	4.040	4.080	4.120	4.16	4.200
8.25	4.166	4.207	4.248	4.29	4.331
8.50	4.292	4.335	4.377	4.42	4.462
8.75	4.418	4.462	4.506	4.55	4.593
9.00	4.545	4.590	4.635	4.68	4.725
9.25	4.671	4.717	4.763	4.81	4.856
9.50	4.797	4.845	4.892	4.94	4.987
9.75	4.923	4.972	5.021	5.07	5.118
10.00	5.050	5.100	5.150	5.20	5.250
10.25	5.176	5.227	5.278	5.33	5.381
10.50	5.302	5.355	5.407	5.46	5.512
10.75	5.428	5.482	5.536	5.59	5.643
11.00	5.555	5.610	5.665	5.72	5.775
11.25	5.681	5.737	5.793	5.85	5.906
11.50	5.807	5.865	5.922	5.98	6.037
11.75	5.933	5.992	6.051	6.11	6.168
12.00	6.060	6.120	6.180	6.24	6.300
12.25	6.186	6.247	6.308	6.37	6.431
12.50	6.312	6.375	6.437	6.50	6.562
12.75	6.438	6.502	6.566	6.63	6.693

(70)

Price per ton.	1060	1070	1080	1090	1100
4.50	2.385	2.407	2.43	2.452	2.475
4.75	2.517	2.541	2.565	2.588	2.612
5.00	2.650	2.675	2.700	2.725	2.750
5.25	2.782	2.808	2.835	2.861	2.887
5.50	2.915	2.942	2.970	2.997	3.025
5.75	3.047	3.076	3.105	3.133	3.162
6.00	3.180	3.210	3.240	3.270	3.300
6.25	3.312	3.343	3.375	3.406	3.437
6.50	3.445	3.477	3.510	3.542	3.575
6.75	3.577	3.611	3.645	3.678	3.712
7.00	3.710	3.745	3.780	3.815	3.850
7.25	3.842	3.878	3.915	3.951	3.987
7.50	3.975	4.012	4.050	4.087	4.125
7.75	4.107	4.146	4.185	4.223	4.262
8.00	4.240	4.280	4.320	4.360	4.400
8.25	4.372	4.413	4.455	4.496	4.537
8.50	4.505	4.547	4.590	4.632	4.675
8.75	4.637	4.681	4.725	4.768	4.812
9.00	4.770	4.815	4.860	4.905	4.950
9.25	4.902	4.948	4.995	5.041	5.087
9.50	5.035	5.082	5.130	5.177	5.225
9.75	5.167	5.216	5.265	5.313	5.362
10.00	5.300	5.350	5.400	5.450	5.500
10.25	5.432	5.483	5.535	5.586	5.637
10.50	5.565	5.617	5.670	5.722	5.775
10.75	5.697	5.751	5.805	5.858	5.912
11.00	5.830	5.885	5.940	5.995	6.050
11.25	5.962	6.018	6.075	6.131	6.187
11.50	6.095	6.152	6.210	6.267	6.325
11.75	6.227	6.286	6.345	6.403	6.462
12.00	6.360	6.420	6.480	6.540	6.600
12.25	6.492	6.553	6.615	6.676	6.737
12.50	6.625	6.687	6.750	6.812	6.875
12.75	6.757	6.821	6.885	6.948	7.012

Price per ton.	1110	1120	1130	1140	1150
4.50	2.497	2.520	2.542	2.565	2.587
4.75	2.636	2.660	2.683	2.707	2.731
5.00	2.775	2.800	2.825	2.850	2.875
5.25	2.913	2.940	2.966	2.992	3.018
5.50	3.052	3.080	3.107	3.135	3.162
5.75	3.191	3.220	3.248	3.277	3.306
6.00	3.330	3.360	3.390	3.420	3.450
6.25	3.468	3.500	3.531	3.562	3.593
6.50	3.607	3.640	3.672	3.705	3.737
6.75	3.746	3.780	3.813	3.847	3.881
7.00	3.885	3.920	3.955	3.990	4.025
7.25	4.023	4.060	4.096	4.132	4.168
7.50	4.162	4.200	4.237	4.275	4.312
7.75	4.301	4.340	4.378	4.417	4.456
8.00	4.440	4.480	4.520	4.560	4.600
8.25	4.578	4.620	4.661	4.702	4.743
8.50	4.717	4.760	4.802	4.845	4.887
8.75	4.856	4.900	4.943	4.987	5.031
9.00	4.995	5.040	5.085	5.130	5.175
9.25	5.133	5.180	5.226	5.272	5.318
9.50	5.272	5.320	5.367	5.415	5.462
9.75	5.411	5.460	5.508	5.557	5.606
10.00	5.550	5.600	5.650	5.700	5.750
10.25	5.688	5.740	5.791	5.842	5.893
10.50	5.827	5.880	5.932	5.985	6.037
10.75	5.966	6.020	6.073	6.127	6.181
11.00	6.105	6.160	6.215	6.270	6.325
11.25	6.243	6.300	6.356	6.412	6.468
11.50	6.382	6.440	6.497	6.555	6.612
11.75	6.521	6.580	6.638	6.697	6.756
12.00	6.660	6.720	6.780	6.840	6.900
12.25	6.798	6.860	6.921	6.982	7.043
12.50	6.937	7.000	7.062	7.125	7.187
12.75	7.076	7.140	7.203	7.267	7.331

(72)

Price per ton.	1160	1170	1180	1190	1200
4.50	2.610	2.632	2.655	2.677	2.700
4.75	2.755	2.778	2.802	2.826	2.850
5.00	2.900	2.925	2.950	2.975	3.000
5.25	3.045	3.071	3.097	3.123	3.150
5.50	3.190	3.217	3.245	3.272	3.300
5.75	3.335	3.363	3.392	3.421	3.450
6.00	3.480	3.510	3.540	3.570	3.600
6.25	3.625	3.656	3.687	3.718	3.750
6.50	3.770	3.802	3.835	3.867	3.900
6.75	3.915	3.948	3.982	4.016	4.050
7.00	4.060	4.095	4.130	4.165	4.200
7.25	4.205	4.241	4.277	4.313	4.350
7.50	4.350	4.387	4.425	4.462	4.500
7.75	4.495	4.533	4.572	4.611	4.650
8.00	4.640	4.680	4.720	4.760	4.800
8.25	4.785	4.826	4.867	4.908	4.950
8.50	4.930	4.972	5.015	5.057	5.100
8.75	5.075	5.118	5.162	5.206	5.250
9.00	5.220	5.265	5.310	5.355	5.400
9.25	5.365	5.411	5.457	5.503	5.550
9.50	5.510	5.557	5.605	5.652	5.700
9.75	5.655	5.703	5.752	5.801	5.850
10.00	5.800	5.850	5.900	5.950	6.000
10.25	5.945	5.996	6.047	6.098	6.150
10.50	6.090	6.142	6.195	6.247	6.300
10.75	6.235	6.288	6.342	6.396	6.450
11.00	6.380	6.435	6.490	6.545	6.600
11.25	6.525	6.581	6.637	6.693	6.750
11.50	6.670	6.727	6.785	6.842	6.900
11.75	6.815	6.873	6.932	6.991	7.050
12.00	6.960	7.020	7.080	7.140	7.200
12.25	7.105	7.166	7.227	7.288	7.350
12.50	7.250	7.312	7.375	7.437	7.500
12.75	7.395	7.458	7.522	7.586	7.650

Price per ton.	1210	1220	1230	1240	1250
4.50	2.722	2.745	2.767	2.790	2.812
4.75	2.873	2.897	2.921	2.945	2.968
5.00	3.025	3.050	3.075	3.100	3.125
5.25	3.176	3.202	3.228	3.255	3.281
5.50	3.327	3.355	3.382	3.410	3.437
5.75	3.478	3.507	3.536	3.565	3.593
6.00	3.630	3.660	3.690	3.720	3.750
6.25	3.781	3.812	3.843	3.875	3.906
6.50	3.932	3.965	3.997	4.030	4.062
6.75	4.083	4.117	4.151	4.185	4.218
7.00	4.235	4.270	4.305	4.340	4.375
7.25	4.386	4.422	4.458	4.495	4.531
7.50	4.537	4.575	4.612	4.650	4.687
7.75	4.688	4.727	4.766	4.805	4.843
8.00	4.840	4.880	4.920	4.960	5.000
8.25	4.991	5.032	5.073	5.115	5.156
8.50	5.142	5.185	5.227	5.270	5.312
8.75	5.293	5.337	5.381	5.425	5.468
9.00	5.445	5.490	5.535	5.580	5.625
9.25	5.596	5.642	5.688	5.735	5.781
9.50	5.747	5.795	5.842	5.890	5.937
9.75	5.898	5.947	5.996	6.045	6.093
10.00	6.050	6.100	6.150	6.200	6.250
10.25	6.201	6.252	6.303	6.355	6.406
10.50	6.352	6.405	6.457	6.510	6.562
10.75	6.503	6.557	6.611	6.665	6.718
11.00	6.655	6.710	6.765	6.820	6.875
11.25	6.806	6.862	6.918	6.975	7.031
11.50	6.957	7.015	7.072	7.130	7.187
11.75	7.108	7.167	7.226	7.285	7.343
12.00	7.260	7.320	7.380	7.440	7.500
12.25	7.411	7.472	7.533	7.595	7.656
12.50	7.562	7.625	7.687	7.750	7.812
12.75	7.713	7.777	7.841	7.905	7.968

Price per ton.	1260	1270	1280	1290	1300
4.50	2.835	2.857	2.880	2.902	2.925
4.75	2.992	3.016	3.040	3.063	3.087
5.00	3.150	3.175	3.200	3.225	3.250
5.25	3.307	3.333	3.360	3.386	3.412
5.50	3.465	3.492	3.520	3.547	3.575
5.75	3.622	3.651	3.680	3.708	3.737
6.00	3.780	3.810	3.840	3.870	3.900
6.25	3.937	3.968	4.000	4.031	4.062
6.50	4.095	4.127	4.160	4.192	4.225
6.75	4.252	4.286	4.320	4.353	4.387
7.00	4.410	4.445	4.480	4.515	4.550
7.25	4.567	4.603	4.640	4.676	4.712
7.50	4.725	4.762	4.800	4.837	4.875
7.75	4.882	4.921	4.960	4.998	5.037
8.00	5.040	5.080	5.120	5.160	5.200
8.25	5.197	5.238	5.280	5.321	5.362
8.50	5.355	5.397	5.440	5.482	5.525
8.75	5.512	5.556	5.600	5.643	5.687
9.00	5.670	5.715	5.760	5.805	5.850
9.25	5.827	5.873	5.920	5.966	6.012
9.50	5.985	6.032	6.080	6.127	6.175
9.75	6.142	6.191	6.240	6.288	6.337
10.00	6.300	6.350	6.400	6.450	6.500
10.25	6.457	6.508	6.560	6.611	6.662
10.50	6.615	6.667	6.720	6.772	6.825
10.75	6.772	6.826	6.880	6.933	6.987
11.00	6.930	6.985	7.040	7.095	7.150
11.25	7.087	7.143	7.200	7.256	7.312
11.50	7.245	7.302	7.360	7.417	7.475
11.75	7.402	7.461	7.520	7.578	7.637
12.00	7.560	7.620	7.680	7.740	7.800
12.25	7.717	7.778	7.840	7.901	7.962
12.50	7.875	7.937	8.000	8.062	8.125
12.75	8.032	8.096	8.160	8.223	8.287

(75)

Price per ton.	1310	1320	1330	1340	1350
4.50	2.947	2.970	2.992	3.015	3.037
4.75	3.111	3.135	3.158	3.182	3.206
5.00	3.275	3.300	3.325	3.350	3.375
5.25	3.438	3.465	3.491	3.517	3.543
5.50	3.602	3.630	3.657	3.685	3.712
5.75	3.766	3.795	3.823	3.852	3.881
6.00	3.930	3.960	3.990	4.020	4.050
6.25	4.093	4.125	4.156	4.187	4.218
6.50	4.257	4.290	4.322	4.355	4.387
6.75	4.421	4.455	4.488	4.522	4.556
7.00	4.585	4.620	4.655	4.690	4.725
7.25	4.748	4.785	4.821	4.857	4.893
7.50	4.912	4.950	4.987	5.025	5.062
7.75	5.076	5.115	5.153	5.192	5.231
8.00	5.240	5.280	5.320	5.360	5.400
8.25	5.403	5.445	5.486	5.527	5.568
8.50	5.567	5.610	5.652	5.695	5.737
8.75	5.731	5.775	5.818	5.862	5.906
9.00	5.895	5.940	5.985	6.030	6.075
9.25	6.058	6.105	6.151	6.197	6.243
9.50	6.222	6.270	6.317	6.365	6.412
9.75	6.386	6.435	6.483	6.532	6.581
10.00	6.550	6.600	6.650	6.700	6.750
10.25	6.713	6.765	6.816	6.867	6.918
10.50	6.877	6.930	6.982	7.035	7.087
10.75	7.041	7.095	7.148	7.202	7.256
11.00	7.205	7.260	7.315	7.370	7.425
11.25	7.368	7.425	7.481	7.537	7.593
11.50	7.532	7.590	7.647	7.705	7.762
11.75	7.696	7.755	7.813	7.872	7.931
12.00	7.860	7.920	7.980	8.040	8.100
12.25	8.023	8.085	8.146	8.207	8.268
12.50	8.187	8.250	8.312	8.375	8.437
12.75	8.351	8.415	8.478	8.542	8.606

Price per ton.	1360	1370	1380	1390	1400
4.50	3.060	3.082	3.105	3.127	3.150
4.75	3.230	3.253	3.277	3.301	3.325
5.00	3.400	3.425	3.450	3.475	3.500
5.25	3.570	3.596	3.622	3.648	3.675
5.50	3.740	3.767	3.795	3.822	3.850
5.75	3.910	3.938	3.967	3.996	4.025
6.00	4.080	4.110	4.140	4.170	4.200
6.25	4.250	4.281	4.312	4.343	4.375
6.50	4.420	4.452	4.485	4.517	4.550
6.75	4.590	4.623	4.657	4.691	4.725
7.00	4.760	4.795	4.830	4.865	4.900
7.25	4.930	4.966	5.002	5.038	5.075
7.50	5.100	5.137	5.175	5.212	5.250
7.75	5.270	5.308	5.347	5.386	5.425
8.00	5.440	5.480	5.520	5.560	5.600
8.25	5.610	5.651	5.692	5.733	5.775
8.50	5.780	5.822	5.865	5.907	5.950
8.75	5.950	5.993	6.037	6.081	6.125
9.00	6.120	6.165	6.210	6.255	6.300
9.25	6.290	6.336	6.382	6.428	6.475
9.50	6.460	6.507	6.555	6.602	6.650
9.75	6.630	6.678	6.727	6.776	6.825
10.00	6.800	6.850	6.900	6.950	7.000
10.25	6.970	7.021	7.072	7.123	7.175
10.50	7.140	7.192	7.245	7.297	7.350
10.75	7.310	7.363	7.417	7.471	7.525
11.00	7.480	7.535	7.590	7.645	7.700
11.25	7.650	7.706	7.762	7.818	7.875
11.50	7.820	7.877	7.935	7.992	8.050
11.75	7.990	8.048	8.107	8.166	8.225
12.00	8.160	8.220	8.280	8.340	8.400
12.25	8.330	8.391	8.452	8.513	8.575
12.50	8.500	8.562	8.625	8.687	8.750
12.75	8.670	8.733	8.797	8.861	8.925

(77)

Price per ton.	1410	1420	1430	1440	1450
4.50	3.172	3.195	3.217	3.240	3.262
4.75	3.348	3.372	3.396	3.420	3.443
5.00	3.525	3.550	3.575	3.600	3.625
5.25	3.701	3.727	3.753	3.780	3.806
5.50	3.877	3.905	3.932	3.960	3.987
5.75	4.053	4.082	4.111	4.140	4.168
6.00	4.230	4.260	4.290	4.320	4.350
6.25	4.406	4.437	4.468	4.500	4.531
6.50	4.582	4.615	4.647	4.680	4.712
6.75	4.758	4.792	4.826	4.860	4.893
7.00	4.935	4.970	5.005	5.040	5.075
7.25	5.111	5.147	5.183	5.220	5.256
7.50	5.287	5.325	5.362	5.400	5.437
7.75	5.463	5.502	5.541	5.580	5.618
8.00	5.640	5.680	5.720	5.760	5.800
8.25	5.816	5.857	5.898	5.940	5.981
8.50	5.992	6.035	6.077	6.120	6.162
8.75	6.168	6.212	6.256	6.300	6.343
9.00	6.345	6.390	6.435	6.480	6.525
9.25	6.521	6.567	6.613	6.660	6.706
9.50	6.697	6.745	6.792	6.840	6.887
9.75	6.873	6.922	6.971	7.020	7.068
10.00	7.050	7.100	7.150	7.200	7.250
10.25	7.226	7.277	7.328	7.380	7.431
10.50	7.402	7.455	7.507	7.560	7.612
10.75	7.578	7.632	7.686	7.740	7.793
11.00	7.755	7.810	7.865	7.920	7.975
11.25	7.931	7.987	8.043	8.100	8.156
11.50	8.107	8.165	8.222	8.280	8.337
11.75	8.283	8.342	8.401	8.460	8.518
12.00	8.460	8.520	8.580	8.640	8.700
12.25	8.636	8.697	8.758	8.820	8.881
12.50	8.812	8.875	8.937	9.000	9.062
12.75	8.988	9.052	9.116	9.180	9.243

(78)

Price per ton.	1460	1470	1480	1490	1500
4.50	3.285	3.307	3.330	3.352	3.375
4.75	3.467	3.491	3.515	3.538	3.562
5.00	3.650	3.675	3.700	3.725	3.750
5.25	3.832	3.858	3.885	3.911	3.937
5.50	4.015	4.042	4.070	4.097	4.125
5.75	4.197	4.226	4.255	4.283	4.312
6.00	4.380	4.410	4.440	4.470	4.500
6.25	4.562	4.593	4.625	4.656	4.687
6.50	4.745	4.777	4.810	4.842	4.875
6.75	4.927	4.961	4.995	5.028	5.062
7.00	5.110	5.145	5.180	5.215	5.250
7.25	5.292	5.328	5.365	5.401	5.437
7.50	5.475	5.512	5.550	5.587	5.625
7.75	5.657	5.696	5.735	5.773	5.812
8.00	5.840	5.880	5.920	5.960	6.000
8.25	6.022	6.063	6.105	6.146	6.187
8.50	6.205	6.247	6.290	6.332	6.375
8.75	6.387	6.431	6.475	6.518	6.562
9.00	6.570	6.615	6.660	6.705	6.750
9.25	6.752	6.798	6.845	6.891	6.937
9.50	6.935	6.982	7.030	7.077	7.125
9.75	7.117	7.166	7.215	7.263	7.312
10.00	7.300	7.350	7.400	7.450	7.500
10.25	7.482	7.533	7.585	7.636	7.687
10.50	7.665	7.717	7.770	7.822	7.875
10.75	7.847	7.901	7.955	8.008	8.062
11.00	8.030	8.085	8.140	8.195	8.250
11.25	8.212	8.268	8.325	8.381	8.437
11.50	8.395	8.452	8.510	8.567	8.625
11.75	8.577	8.636	8.695	8.753	8.812
12.00	8.760	8.820	8.880	8.940	9.000
12.25	8.942	9.003	9.065	9.126	9.187
12.50	9.125	9.187	9.250	9.312	9.375
12.75	9.307	9.371	9.435	9.498	9.562

Price per ton.	1510	1520	1530	1540	1550
4.50	3.397	3.420	3.442	3.465	3.487
4.75	3.586	3.610	3.633	3.657	3.681
5.00	3.775	3.800	3.825	3.850	3.875
5.25	3.963	3.990	4.016	4.042	4.068
5.50	4.152	4.180	4.207	4.235	4.262
5.75	4.341	4.370	4.398	4.427	4.456
6.00	4.530	4.560	4.590	4.620	4.650
6.25	4.718	4.750	4.781	4.812	4.843
6.50	4.907	4.940	4.972	5.005	5.037
6.75	5.096	5.130	5.163	5.197	5.231
7.00	5.285	5.320	5.355	5.390	5.425
7.25	5.473	5.510	5.546	5.582	5.618
7.50	5.662	5.700	5.737	5.775	5.812
7.75	5.851	5.890	5.928	5.967	6.006
8.00	6.040	6.080	6.120	6.160	6.200
8.25	6.228	6.270	6.311	6.352	6.393
8.50	6.417	6.460	6.502	6.545	6.587
8.75	6.606	6.650	6.693	6.737	6.781
9.00	6.795	6.840	6.885	6.930	6.975
9.25	6.983	7.030	7.076	7.122	7.168
9.50	7.172	7.220	7.267	7.315	7.362
9.75	7.361	7.410	7.458	7.507	7.556
10.00	7.550	7.600	7.650	7.700	7.750
10.25	7.738	7.790	7.841	7.892	7.943
10.50	7.927	7.980	8.032	8.085	8.137
10.75	8.116	8.170	8.223	8.277	8.331
11.00	8.305	8.360	8.415	8.470	8.525
11.25	8.493	8.550	8.606	8.662	8.718
11.50	8.682	8.740	8.797	8.855	8.912
11.75	8.871	8.930	8.988	9.047	9.106
12.00	9.060	9.120	9.180	9.240	9.300
12.25	9.248	9.310	9.371	9.432	9.493
12.50	9.437	9.500	9.562	9.625	9.687
12.75	9.626	9.690	9.753	9.817	9.881

Price per ton.	1560	1570	1580	1590	1600
4.50	3.510	3.532	3.555	3.577	3.600
4.75	3.705	3.728	3.752	3.776	3.800
5.00	3.900	3.925	3.950	3.975	4.000
5.25	4.095	4.121	4.147	4.173	4.200
5.50	4.290	4.317	4.345	4.372	4.400
5.75	4.485	4.513	4.542	4.571	4.600
6.00	4.680	4.710	4.740	4.770	4.800
6.25	4.875	4.906	4.937	4.968	5.000
6.50	5.070	5.102	5.135	5.167	5.200
6.75	5.265	5.298	5.332	5.366	5.400
7.00	5.460	5.495	5.530	5.565	5.600
7.25	5.655	5.691	5.727	5.763	5.800
7.50	5.850	5.887	5.925	5.962	6.000
7.75	6.045	6.083	6.122	6.161	6.200
8.00	6.240	6.280	6.320	6.360	6.400
8.25	6.435	6.476	6.517	6.558	6.600
8.50	6.630	6.672	6.715	6.757	6.800
8.75	6.825	6.868	6.912	6.956	7.000
9.00	7.020	7.065	7.110	7.155	7.200
9.25	7.215	7.261	7.307	7.353	7.400
9.50	7.410	7.457	7.505	7.552	7.600
9.75	7.605	7.653	7.702	7.751	7.800
10.00	7.800	7.850	7.900	7.950	8.000
10.25	7.995	8.046	8.097	8.148	8.200
10.50	8.190	8.242	8.295	8.347	8.400
10.75	8.385	8.438	8.492	8.546	8.600
11.00	8.580	8.635	8.690	8.745	8.800
11.25	8.775	8.831	8.887	8.943	9.000
11.50	8.970	9.027	9.085	9.142	9.200
11.75	9.165	9.223	9.282	9.341	9.400
12.00	9.360	9.420	9.480	9.540	9.600
12.25	9.555	9.616	9.677	9.738	9.800
12.50	9.750	9.812	9.875	9.937	10.000
12.75	9.945	10.008	10.072	10.136	10.200

Price per ton.	1610	1620	1630	1640	1650
4.50	3.622	3.645	3.667	3.690	3.712
4.75	3.823	3.847	3.871	3.895	3.918
5.00	4.025	4.050	4.075	4.100	4.125
5.25	4.226	4.252	4.278	4.305	4.331
5.50	4.427	4.455	4.482	4.510	4.537
5.75	4.628	4.657	4.686	4.715	4.743
6.00	4.830	4.860	4.890	4.920	4.950
6.25	5.031	5.062	5.093	5.125	5.156
6.50	5.232	5.265	5.297	5.330	5.362
6.75	5.433	5.467	5.501	5.535	5.568
7.00	5.635	5.670	5.705	5.740	5.775
7.25	5.836	5.872	5.908	5.945	5.981
7.50	6.037	6.075	6.112	6.150	6.187
7.75	6.238	6.277	6.316	6.355	6.393
8.00	6.440	6.480	6.520	6.560	6.600
8.25	6.641	6.682	6.723	6.765	6.806
8.50	6.842	6.885	6.927	6.970	7.012
8.75	7.043	7.087	7.131	7.175	7.218
9.00	7.245	7.290	7.335	7.380	7.425
9.25	7.446	7.492	7.538	7.585	7.631
9.50	7.647	7.695	7.742	7.790	7.837
9.75	7.848	7.897	7.946	7.995	8.043
10.00	8.050	8.100	8.150	8.200	8.250
10.25	8.251	8.302	8.353	8.405	8.456
10.50	8.452	8.505	8.557	8.610	8.662
10.75	8.653	8.707	8.761	8.815	8.868
11.00	8.855	8.910	8.965	9.020	9.075
11.25	9.056	9.112	9.168	9.225	9.281
11.50	9.257	9.315	9.372	9.430	9.487
11.75	9.458	9.517	9.576	9.635	9.693
12.00	9.660	9.720	9.780	9.840	9.900
12.25	9.861	9.922	9.983	10.045	10.106
12.50	10.062	10.125	10.187	10.250	10.312
12.75	10.263	10.327	10.391	10.455	10.518

Price per ton.	1660	1670	1680	1690	1700
4.50	3.735	3.757	3.780	3.802	3.825
4.75	3.942	3.966	3.990	4.013	4.037
5.00	4.150	4.175	4.200	4.225	4.250
5.25	4.357	4.383	4.410	4.436	4.462
5.50	4.565	4.592	4.620	4.647	4.675
5.75	4.772	4.801	4.830	4.858	4.887
6.00	4.980	5.010	5.040	5.070	5.100
6.25	5.187	5.218	5.250	5.281	5.312
6.50	5.395	5.427	5.460	5.492	5.525
6.75	5.602	5.636	5.670	5.703	5.737
7.00	5.810	5.845	5.880	5.915	5.950
7.25	6.017	6.053	6.090	6.126	6.162
7.50	6.225	6.262	6.300	6.337	6.375
7.75	6.432	6.471	6.510	6.548	6.587
8.00	6.640	6.680	6.720	6.760	6.800
8.25	6.847	6.888	6.930	6.971	7.012
8.50	7.055	7.097	7.140	7.182	7.225
8.75	7.262	7.306	7.350	7.393	7.437
9.00	7.470	7.515	7.560	7.605	7.650
9.25	7.677	7.723	7.770	7.816	7.862
9.50	7.885	7.932	7.980	8.027	8.075
9.75	8.092	8.141	8.190	8.238	8.287
10.00	8.300	8.350	8.400	8.450	8.500
10.25	8.507	8.558	8.610	8.661	8.712
10.50	8.715	8.767	8.820	8.872	8.925
10.75	8.922	8.976	9.030	9.083	9.137
11.00	9.130	9.185	9.240	9.295	9.350
11.25	9.337	9.393	9.450	9.506	9.562
11.50	9.545	9.602	9.660	9.717	9.775
11.75	9.752	9.811	9.870	9.928	9.987
12.00	9.960	10.020	10.080	10.140	10.200
12.25	10.167	10.228	10.290	10.351	10.412
12.50	10.375	10.437	10.500	10.562	10.625
12.75	10.582	10.646	10.710	10.773	10.837

Price per ton.	1710	1720	1730	1740	1750
4.50	3.847	3.870	3.892	3.915	3.937
4.75	4.061	4.085	4.108	4.132	4.156
5.00	4.275	4.300	4.325	4.350	4.375
5.25	4.488	4.515	4.541	4.567	4.593
5.50	4.702	4.730	4.757	4.785	4.812
5.75	4.916	4.945	4.973	5.002	5.031
6.00	5.130	5.160	5.190	5.220	5.250
6.25	5.343	5.375	5.406	5.437	5.468
6.50	5.557	5.590	5.622	5.655	5.687
6.75	5.771	5.805	5.838	5.872	5.906
7.00	5.985	6.020	6.055	6.090	6.125
7.25	6.198	6.235	6.271	6.307	6.343
7.50	6.412	6.450	6.487	6.525	6.562
7.75	6.626	6.665	6.703	6.742	6.781
8.00	6.840	6.880	6.920	6.960	7.000
8.25	7.053	7.095	7.136	7.177	7.218
8.50	7.267	7.310	7.352	7.395	7.437
8.75	7.481	7.525	7.568	7.612	7.656
9.00	7.695	7.740	7.785	7.830	7.875
9.25	7.908	7.955	8.001	8.047	8.093
9.50	8.122	8.170	8.217	8.265	8.312
9.75	8.336	8.385	8.433	8.482	8.531
10.00	8.550	8.600	8.650	8.700	8.750
10.25	8.763	8.815	8.866	8.917	8.968
10.50	8.977	9.030	9.082	9.135	9.187
10.75	9.191	9.245	9.298	9.352	9.406
11.00	9.405	9.460	9.515	9.570	9.625
11.25	9.618	9.675	9.731	9.787	9.843
11.50	9.832	9.890	9.947	10.005	10.062
11.75	10.046	10.105	10.163	10.222	10.281
12.00	10.260	10.320	10.380	10.440	10.500
12.25	10.473	10.535	10.596	10.657	10.718
12.50	10.687	10.750	10.812	10.875	10.937
12.75	10.901	10.965	11.028	11.092	11.156

Price per ton.	1760	1770	1780	1790	1800
4.50	3.960	3.982	4.005	4.027	4.050
4.75	4.180	4.203	4.227	4.251	4.275
5.00	4.400	4.425	4.450	4.475	4.500
5.25	4.620	4.646	4.672	4.698	4.725
5.50	4.840	4.867	4.895	4.922	4.950
5.75	5.060	5.088	5.117	5.146	5.175
6.00	5.280	5.310	5.340	5.370	5.400
6.25	5.500	5.531	5.562	5.593	5.625
6.50	5.720	5.752	5.785	5.817	5.850
6.75	5.940	5.973	6.007	6.041	6.075
7.00	6.160	6.195	6.230	6.265	6.300
7.25	6.380	6.416	6.452	6.488	6.525
7.50	6.600	6.637	6.675	6.712	6.750
7.75	6.820	6.858	6.897	6.936	6.975
8.00	7.040	7.080	7.120	7.160	7.200
8.25	7.260	7.301	7.342	7.383	7.425
8.50	7.480	7.522	7.565	7.607	7.650
8.75	7.700	7.743	7.787	7.831	7.875
9.00	7.920	7.965	8.010	8.055	8.100
9.25	8.140	8.186	8.232	8.278	8.325
9.50	8.360	8.407	8.455	8.502	8.550
9.75	8.580	8.628	8.677	8.726	8.775
10.00	8.800	8.850	8.900	8.950	9.000
10.25	9.020	9.071	9.122	9.173	9.225
10.50	9.240	9.292	9.345	9.397	9.450
10.75	9.460	9.513	9.567	9.621	9.675
11.00	9.680	9.735	9.790	9.845	9.900
11.25	9.900	9.956	10.012	10.068	10.125
11.50	10.120	10.177	10.235	10.292	10.350
11.75	10.340	10.398	10.457	10.516	10.575
12.00	10.560	10.620	10.680	10.740	10.800
12.25	10.780	10.841	10.902	10.963	11.025
12.50	11.000	11.062	11.125	11.187	11.250
12.75	11.220	11.283	11.347	11.411	11.475

Price per ton.	1810	1820	1830	1840	1850
4.50	4.072	4.095	4.117	4.140	4.162
4.75	4.298	4.322	4.346	4.370	4.393
5.00	4.525	4.550	4.575	4.600	4.625
5.25	4.751	4.777	4.803	4.830	4.856
5.50	4.977	5.005	5.032	5.060	5.087
5.75	5.203	5.232	5.261	5.290	5.318
6.00	5.430	5.460	5.490	5.520	5.550
6.25	5.656	5.687	5.718	5.750	5.781
6.50	5.882	5.915	5.947	5.980	6.012
6.75	6.108	6.142	6.176	6.210	6.243
7.00	6.335	6.370	6.405	6.440	6.475
7.25	6.561	6.597	6.633	6.670	6.706
7.50	6.787	6.825	6.862	6.900	6.937
7.75	7.013	7.052	7.091	7.130	7.168
8.00	7.240	7.280	7.320	7.360	7.400
8.25	7.466	7.507	7.548	7.590	7.631
8.50	7.692	7.735	7.777	7.820	7.862
8.75	7.918	7.962	8.006	8.050	8.093
9.00	8.145	8.190	8.235	8.280	8.325
9.25	8.371	8.417	8.463	8.510	8.556
9.50	8.597	8.645	8.692	8.740	8.787
9.75	8.823	8.872	8.921	8.970	9.018
10.00	9.050	9.100	9.150	9.200	9.250
10.25	9.276	9.327	9.378	9.430	9.481
10.50	9.502	9.555	9.607	9.660	9.712
10.75	9.728	9.782	9.836	9.890	9.943
11.00	9.955	10.010	10.065	10.120	10.175
11.25	10.181	10.237	10.293	10.350	10.406
11.50	10.407	10.465	10.522	10.580	10.637
11.75	10.633	10.692	10.751	10.810	10.868
12.00	10.860	10.920	10.980	11.040	11.100
12.25	11.036	11.147	11.208	11.270	11.331
12.50	11.312	11.375	11.437	11.500	11.562
12.75	11.538	11.602	11.666	11.730	11.793

Price per ton.	1860	1870	1880	1890	1900
4.50	4.185	4.207	4.230	4.252	4.275
4.75	4.417	4.441	4.465	4.488	4.512
5.00	4.650	4.675	4.700	4.725	4.750
5.25	4.882	4.908	4.935	4.961	4.987
5.50	5.115	5.142	5.170	5.197	5.225
5.75	5.347	5.376	5.405	5.433	5.462
6.00	5.580	5.610	5.640	5.670	5.700
6.25	5.812	5.843	5.875	5.906	5.937
6.50	6.045	6.077	6.110	6.142	6.175
6.75	6.277	6.311	6.345	6.378	6.412
7.00	6.510	6.545	6.580	6.615	6.650
7.25	6.742	6.778	6.815	6.851	6.887
7.50	6.975	7.012	7.050	7.087	7.125
7.75	7.207	7.246	7.285	7.323	7.362
8.00	7.440	7.480	7.520	7.560	7.600
8.25	7.672	7.713	7.755	7.796	7.837
8.50	7.905	7.947	7.990	8.032	8.075
8.75	8.137	8.181	8.225	8.268	8.312
9.00	8.370	8.415	8.460	8.505	8.550
9.25	8.602	8.648	8.695	8.741	8.787
9.50	8.835	8.882	8.930	8.977	9.025
9.75	9.067	9.116	9.165	9.213	9.262
10.00	9.300	9.350	9.400	9.450	9.500
10.25	9.532	9.583	9.635	9.686	9.737
10.50	9.765	9.817	9.870	9.922	9.975
10.75	9.997	10.051	10.105	10.158	10.212
11.00	10.230	10.285	10.340	10.395	10.450
11.25	10.462	10.518	10.575	10.631	10.687
11.50	10.695	10.752	10.810	10.867	10.925
11.75	10.927	10.986	11.045	11.103	11.162
12.00	11.160	11.220	11.280	11.340	11.400
12.25	11.392	11.453	11.515	11.576	11.637
12.50	11.625	11.687	11.750	11.812	11.875
12.75	11.857	11.921	11.985	12.048	12.112

Price per ton.	1910	1920	1930	1940	1950
4.50	4.297	4.320	4.342	4.365	4.387
4.75	4.536	4.560	4.583	4.607	4.631
5.00	4.775	4.800	4.825	4.850	4.875
5.25	5.013	5.040	5.066	5.092	5.118
5.50	5.252	5.280	5.307	5.335	5.362
5.75	5.491	5.520	5.548	5.577	5.606
6.00	5.730	5.760	5.790	5.820	5.850
6.25	5.968	6.000	6.031	6.062	6.093
6.50	6.207	6.240	6.272	6.305	6.337
6.75	6.446	6.480	6.513	6.547	6.581
7.00	6.685	6.720	6.755	6.790	6.825
7.25	6.923	6.960	6.996	7.032	7.068
7.50	7.162	7.200	7.237	7.275	7.312
7.75	7.401	7.440	7.478	7.517	7.556
8.00	7.640	7.680	7.720	7.760	7.800
8.25	7.878	7.920	7.961	8.002	8.043
8.50	8.117	8.160	8.202	8.245	8.287
8.75	8.356	8.400	8.443	8.487	8.531
9.00	8.595	8.640	8.685	8.730	8.775
9.25	8.833	8.880	8.926	8.972	9.018
9.50	9.072	9.120	9.167	9.215	9.262
9.75	9.311	9.360	9.408	9.457	9.506
10.00	9.550	9.600	9.650	9.700	9.750
10.25	9.788	9.840	9.891	9.942	9.993
10.50	10.027	10.080	10.132	10.185	10.237
10.75	10.266	10.320	10.373	10.427	10.481
11.00	10.505	10.560	10.615	10.670	10.725
11.25	10.743	10.800	10.856	10.912	10.968
11.50	10.982	11.040	11.097	11.155	11.212
11.75	11.221	11.280	11.338	11.397	11.456
12.00	11.460	11.520	11.580	11.640	11.700
12.25	11.698	11.760	11.821	11.882	11.943
12.50	11.937	12.000	12.062	12.125	12.187
12.75	12.176	12.240	12.303	12.367	12.431

Price per ton.	1960	1970	1980	1990	2000
4.50	4.410	4.432	4.455	4.477	4.500
4.75	4.655	4.678	4.702	4.726	4.750
5.00	4.900	4.925	4.950	4.975	5.000
5.25	5.145	5.171	5.197	5.223	5.250
5.50	5.390	5.417	5.445	5.472	5.500
5.75	5.635	5.663	5.692	5.721	5.750
6.00	5.880	5.910	5.940	5.970	6.000
6.25	6.125	6.156	6.187	6.218	6.250
6.50	6.370	6.402	6.435	6.467	6.500
6.75	6.615	6.648	6.682	6.716	6.750
7.00	6.860	6.895	6.930	6.965	7.000
7.25	7.105	7.141	7.177	7.213	7.250
7.50	7.350	7.387	7.425	7.462	7.500
7.75	7.595	7.633	7.672	7.711	7.750
8.00	7.840	7.880	7.920	7.960	8.000
8.25	8.085	8.126	8.167	8.208	8.250
8.50	8.330	8.372	8.415	8.457	8.500
8.75	8.575	8.618	8.662	8.706	8.750
9.00	8.820	8.865	8.910	8.955	9.000
9.25	9.065	9.111	9.157	9.203	9.250
9.50	9.310	9.357	9.405	9.452	9.500
9.75	9.555	9.603	9.652	9.701	9.750
10.00	9.800	9.850	9.900	9.950	10.000
10.25	10.045	10.096	10.147	10.198	10.250
10.50	10.290	10.342	10.395	10.447	10.500
10.75	10.535	10.588	10.642	10.696	10.750
11.00	10.780	10.835	10.890	10.945	11.000
11.25	11.025	11.081	11.137	11.193	11.250
11.50	11.270	11.327	11.385	11.442	11.500
11.75	11.515	11.573	11.632	11.691	11.750
12.00	11.760	11.820	11.880	11.940	12.000
12.25	12.005	12.066	12.127	12.188	12.250
12.50	12.250	12.312	12.375	12.437	12.500
12.75	12.495	12.558	12.622	12.686	12.750

Table No. 3.

1 gross ton to 272 gross tons reduced to net tons.

The following Table shows the excess of gross over net tons.

The figures 1, 2, 3, 4, 5, 6, &c., denote gross tons—the figures 240, 480, 720, &c., denote the excess of gross over net.

By adding the excess to the number of gross tons, the quantity which gross tons equal in net tons is obtained.

Gross Tons.	Net Tons.	Lbs.	Gross Tons.	Net Tons.	Lbs.
1		240	35	4	400
2		480	36		640
3		720	37		880
4		960	38		1120
5		1200	39		1360
6		1440	40		1600
7		1680	41		1840
8		1920	42	5	80
9	1	160	43		320
10		400	44		560
11		640	45		800
12		880	46		1040
13		1120	47		1280
14		1360	48		1520
15		1600	49		1760
16		1840	50	6	
17	2	80	51		240
18		320	52		480
19		560	53		720
20		800	54		960
21		1040	55		1200
22		1280	56		1440
23		1520	57		1680
24		1760	58		1920
25	3		59	7	160
26		240	60		400
27		480	61		640
28		720	62		880
29		960	63		1120
30		1200	64		1360
31		1440	65		1600
32		1680	66		1840
33		1920	67	8	80
34	4	160	68		320

(92)

Gross Tons.	Net Tons.	Lbs.	Gross Tons.	Net Tons.	Lbs.
69	8	560	103	12	720
70		800	104		960
71		1040	105		1200
72		1280	106		1440
73		1520	107		1680
74		1760	108		1920
75	9		109	13	160
76		240	110		400
77		480	111		640
78		720	112		880
79		960	113		1120
80		1200	114		1360
81		1440	115		1600
82		1680	116		1840
83		1920	117	14	80
84	10	160	118		320
85		400	119		560
86		640	120		800
87		880	121		1040
88		1120	122		1280
89		1360	123		1520
90		1600	124		1760
91		1840	125	15	
92	11	80	126		240
93		320	127		480
94		560	128		720
95		800	129		960
96		1040	130		1200
97		1280	131		1440
98		1520	132		1680
99		1760	133		1920
100	12		134	16	160
101		240	135		400
102		480	136		640

(93)

Gross Tons	Net Tons	Lbs.	Gross Tons	Net Tons	Lbs.
137	16	880	171	20	1040
138		1120	172		1280
139		1360	173		1520
140		1600	174		1760
141		1840	175	21	
142	17	80	176		240
143		320	177		480
144		560	178		720
145		800	179		960
146		1040	180		1200
147		1280	181		1440
148		1520	182		1680
149		1760	183		1920
150	18		184	22	160
151		240	185		400
152		480	186		640
153		720	187		880
154		960	188		1120
155		1200	189		1360
156		1440	190		1600
157		1680	191	-	1840
158		1920	192	23	80
159	19	160	193		320
160		400	194		560
161		640	195		800
162		880	196		1040
163		1120	197		1280
164		1360	198		1520
165		1600	199		1760
166		1840	200	24	
167	20	80	201		240
168		320	202		480
169		560	203		720
170		800	204		960

Gross Tons.	Net Tons.	Lbs.	Gross Tons.	Net Tons.	Lbs.
205	24	1200	239	28	1360
206		1440	240		1600
207		1680	241		1840
208		1920	242	29	80
209	25	160	243		320
210		400	244		560
211		640	245		800
212		880	246		1040
213		1120	247		1280
214		1360	248		1520
215		1600	249		1760
216		1840	250	30	
217	26	80	251		240
218		320	252		480
219		560	253		720
220		800	254		960
221		1040	255		1200
222		1280	256		1440
223		1520	257		1680
224		1760	258		1920
225	27		259	31	160
226		240	260		400
227		480	261		640
228		720	262		880
229		960	263		1120
230		1200	264		1360
231		1440	265		1600
232		1680	266		1840
233		1920	267	32	80
234	28	160	268		320
235		400	269		560
236		640	270		800
237		880	271		1040
238		1120	272		1280

Table No. 4.

Gross ton prices reduced to net ton prices.

If you wish to ascertain the cost of a ton of coal, per net ton, if the price per gross ton is given, look for figures corresponding to price per gross ton in the gross ton column, and adjoining same will be the cost per net ton.

Gross Tons.	Net Tons.	Gross Tons.	Net Tons.	Gross Tons.	Net Tons.
.05	.0446	5.70	5.09	7.40	6.60
.10	.0892	5.75	5.13	7.45	6.65
.15	.1338	5.80	5.18	7.50	6.69
.20	.1784	5.85	5.22	7.55	6.74
.25	.2230	5.90	5.27	7.60	6.78
.30	.2676	5.95	5.31	7.65	6.83
.35	.3122	6.00	5.36	7.70	6.87
.40	.3568	6.05	5.40	7.75	6.92
.45	.4014	6.10	5.45	7.80	6.96
.50	.4460	6.15	5.49	7.85	7.01
.55	.4906	6.20	5.53	7.90	7.05
.60	.5352	6.25	5.58	7.95	7.10
.65	.5798	6.30	5.62	8.00	7.14
.70	.6244	6.35	5.67	8.05	7.18
.75	.6690	6.40	5.71	8.10	7.23
.80	.7136	6.45	5.76	8.15	7.27
.85	.7582	6.50	5.80	8.20	7.32
.90	.8028	6.55	5.85	8.25	7.36
.95	.8474	6.60	5.89	8.30	7.41
1.00	.8920	6.65	5.94	8.35	7.45
5.00	4.46	6.70	5.98	8.40	7.50
5.05	4.51	6.75	6.03	8.45	7.54
5.10	4.55	6.80	6.07	8.50	7.59
5.15	4.60	6.85	6.11	8.55	7.63
5.20	4.64	6.90	6.16	8.60	7.68
5.25	4.69	6.95	6.20	8.65	7.72
5.30	4.73	7.00	6.25	8.70	7.76
5.35	4.78	7.05	6.29	8.75	7.81
5.40	4.82	7.10	6.34	8.80	7.85
5.45	4.87	7.15	6.38	8.85	7.90
5.50	4.91	7.20	6.43	8.90	7.94
5.55	4.95	7.25	6.47	8.95	7.99
5.60	5.00	7.30	6.52	9.00	8.03
5.65	5.04	7.35	6.56	9.05	8.08

Gross Tons	Net Tons	Gross Tons	Net Tons	Gross Tons	Net Tons
9.10	8.12	10.60	9.46	12.10	10.80
9.15	8.17	10.65	9.50	12.15	10.84
9.20	8.21	10.70	9.55	12.20	10.89
9.25	8.26	10.75	9.59	12.25	10.93
9.30	8.30	10.80	9.64	12.30	10.98
9.35	8.34	10.85	9.68	12.35	11.03
9.40	8.39	10.90	9.73	12.40	11.07
9.45	8.43	10.95	9.77	12.45	11.12
9.50	8.48	11.00	9.82	12.50	11.16
9.55	8.52	11.05	9.86	12.55	11.21
9.60	8.57	11.10	9.91	12.60	11.25
9.65	8.61	11.15	9.95	12.65	11.30
9.70	8.66	11.20	9.99	12.70	11.34
9.75	8.70	11.25	10.04	12.75	11.38
9.80	8.75	11.30	10.08	12.80	11.43
9.85	8.79	11.35	10.13	12.85	11.47
9.90	8.83	11.40	10.17	12.90	11.52
9.95	8.88	11.45	10.22	12.95	11.56
10.00	8.92	11.50	10.26	13.00	11.61
10.05	8.97	11.55	10.31	13.05	11.65
10.10	9.01	11.60	10.35	13.10	11.70
10.15	9.06	11.65	10.40	13.15	11.74
10.20	9.10	11.70	10.44	13.20	11.79
10.25	9.15	11.75	10.49	13.25	11.83
10.30	9.19	11.80	10.53	13.30	11.88
10.35	9.24	11.85	10.57	13.35	11.92
10.40	9.28	11.90	10.62	13.40	11.97
10.45	9.33	11.95	10.66	13.45	12.01
10.50	9.37	12.00	10.71		
10.55	9.41	12.05	10.75		

Table No. 5.

For computation of $\tfrac{1}{20}$ to $\tfrac{19}{20}$ of a ton, at 3.90 per ton to 7.35 per ton.

The figures on the side, 4.00, 4.25, 4.50, *&c., denote price per ton.*

The figures over the top, $\frac{1}{10}$, $\frac{2}{10}$, $\frac{3}{10}$, *&c., denote the fractional part of a ton.*

To ascertain the cost of $\frac{1}{10}$ *to* $\frac{18}{18}$ *of a ton, at* 3.90, 4.90, 5.90, *&c., or* 4.10, 5.10, 6.10, *&c., or* 3.95, 4.95, *&c., or* 4.05, 5.05, *&c., the same rule will be observed as in Table No.* 6.

	$\frac{1}{20}$	$\frac{2}{20}$	$\frac{3}{20}$	$\frac{4}{20}$	$\frac{5}{20}$
.05	.002	.005	.007	.010	.012
.10	.005	.010	.015	.020	.025
4.00	.200	.400	.600	.800	1.000
4.25	.212	.425	.637	.850	1.062
4.50	.225	.450	.675	.900	1.125
4.75	.237	.475	.712	.950	1.187
5.00	.250	.500	.750	1.000	1.250
5.25	.262	.525	.787	1.050	1.312
5.50	.275	.550	.825	1.100	1.375
5.75	.287	.575	.862	1.150	1.437
6.00	.300	.600	.900	1.200	1.500
6.25	.312	.625	.937	1.250	1.562
6.50	.325	.650	.975	1.300	1.625
6.75	.337	.675	1.012	1.350	1.687
7.00	.350	.700	1.050	1.400	1.750
7.25	.362	.725	1.087	1.450	1.812

	$\frac{6}{20}$	$\frac{7}{20}$	$\frac{8}{20}$	$\frac{9}{20}$	$\frac{10}{20}$
.05	.015	.017	.020	.022	.025
.10	.030	.035	.040	.045	.050
4.00	1.200	1.400	1.600	1.800	2.000
4.25	1.275	1.487	1.700	1.912	2.125
4.50	1.350	1.575	1.800	2.025	2.250
4.75	1.425	1.662	1.900	2.137	2.375
5.00	1.500	1.750	2.000	2.250	2.500
5.25	1.575	1.837	2.100	2.362	2.625
5.50	1.650	1.925	2.200	2.475	2.750
5.75	1.725	2.012	2.300	2.587	2.875
6.00	1.800	2.100	2.400	2.700	3.000
6.25	1.875	2.187	2.500	2.812	3.125
6.50	1.950	2.275	2.600	2.925	3.250
6.75	2.025	2.362	2.700	3.037	3.375
7.00	2.100	2.450	2.800	3.150	3.500
7.25	2.175	2.537	2.900	3.262	3.625

(102)

	11/20	12/20	13/20	14/20	15/20
.05	.027	.030	.032	.035	.037
.10	.055	.060	.065	.070	.075
4.00	2.200	2.400	2.600	2.800	3.000
4.25	2.337	2.550	2.762	2.975	3.187
4.50	2.475	2.700	2.925	3.150	3.375
4.75	2.612	2.850	3.087	3.325	3.562
5.00	2.750	3.000	3.250	3.500	3.750
5.25	2.887	3.150	3.412	3.675	3.937
5.50	3.025	3.300	3.575	3.850	4.125
5.75	3.162	3.450	3.737	4.025	4.312
6.00	3.300	3.600	3.900	4.200	4.500
6.25	3.437	3.750	4.062	4.375	4.687
6.50	3.575	3.900	4.225	4.550	4.875
6.75	3.712	4.050	4.387	4.725	5.062
7.00	3.850	4.200	4.550	4.900	5.250
7.25	3.987	4.350	4.712	5.075	5.437

	16/20	17/20	18/20	19/20
.05	.040	.042	.045	.047
.10	.080	.085	.090	.095
4.00	3.200	3.400	3.600	3.800
4.25	3.400	3.612	3.825	4.037
4.50	3.600	3.825	4.050	4.275
4.75	3.800	4.037	4.275	4.512
5.00	4.000	4.250	4.500	4.750
5.25	4.200	4.462	4.725	4.987
5.50	4.400	4.675	4.950	5.225
5.75	4.600	4.887	5.175	5.462
6.00	4.800	5.100	5.400	5.700
6.25	5.000	5.312	5.625	5.937
6.50	5.200	5.525	5.850	6.175
6.75	5.400	5.737	6.075	6.412
7.00	5.600	5.950	6.300	6.650
7.25	5.800	6.162	6.525	6.887

Table No. 6.

For computation of 1 to 300 tons of Coal, at 3.90 per ton to 7.35 per ton.

The figures on the side, .05, .10, 4.00, 4.25, 4.50, &c., denote price per ton.

The figures on the top, 1, 2, 3, 4, 5, 6, &c., denote number of tons.

By adding the cost of a given number of tons at .05 per ton to the cost of same quantity at 4.00, 5.00, 6.00, &c., the cost of the same quantity at 4.05, 5.05, 6.05, &c., per ton can be obtained.

By subtracting cost at .05, the cost at 3.95, 4.95, &c., can be ascertained.

By adding the cost at 10c., the cost at 4.10, 5.10, &c., can be obtained—by subtracting the cost at 10c., the cost at 3.90, 4.90, &c., can be ascertained.

(105)

Price per ton.	1	2	3	4	5
.05	.05	.10	.15	.20	.25
.10	.10	.20	.30	.40	.50
4.00	4.00	8.00	12.00	16.00	20.00
4.25	4.25	8.50	12.75	17.00	21.25
4.50	4.50	9.00	13.50	18.00	22.50
4.75	4.75	9.50	14.25	19.00	23.75
5.00	5.00	10.00	15.00	20.00	25.00
5.25	5.25	10.50	15.75	21.00	26.25
5.50	5.50	11.00	16.50	22.00	27.50
5.75	5.75	11.50	17.25	23.00	28.75
6.00	6.00	12.00	18.00	24.00	30.00
6.25	6.25	12.50	18.75	25.00	31.25
6.50	6.50	13.00	19.50	26.00	32.50
6.75	6.75	13.50	20.25	27.00	33.75
7.00	7.00	14.00	21.00	28.00	35.00
7.25	7.25	14.50	21.75	29.00	36.25

Price per ton.	6	7	8	9	10
.05	.30	.35	.40	.45	.50
.10	.60	.70	.80	.90	1.00
4.00	24.00	28.00	32.00	36.00	40.00
4.25	25.50	29.75	34.00	38.25	42.50
4.50	27.00	31.50	36.00	40.50	45.00
4.75	28.50	33.25	38.00	42.75	47.50
5.00	30.00	35.00	40.00	45.00	50.00
5.25	31.50	36.75	42.00	47.25	52.50
5.50	33.00	38.50	44.00	49.50	55.00
5.75	34.50	40.25	46.00	51.75	57.50
6.00	36.00	42.00	48.00	54.00	60.00
6.25	37.50	43.75	50.00	56.25	62.50
6.50	39.00	45.50	52.00	58.50	65.00
6.75	40.50	47.25	54.00	60.75	67.50
7.00	42.00	49.00	56.00	63.00	70.00
7.25	43.50	50.75	58.00	65.25	72.50

(106)

Price per ton.	11	12	13	14	15
.05	.55	.60	.65	.70	.75
.10	1.10	1.20	1.30	1.40	1.50
4.00	44.00	48.00	52.00	56.00	60.00
4.25	46.75	51.00	55.25	59.50	63.75
4.50	49.50	54.00	58.50	63.00	67.50
4.75	52.25	57.00	61.75	66.50	71.25
5.00	55.00	60.00	65.00	70.00	75.00
5.25	57.75	63.00	68.25	73.50	78.75
5.50	60.50	66.00	71.50	77.00	82.50
5.75	63.25	69.00	74.75	80.50	86.25
6.00	66.00	72.00	78.00	84.00	90.00
6.25	68.75	75.00	81.25	87.50	93.75
6.50	71.50	78.00	84.50	91.00	97.50
6.75	74.25	81.00	87.75	94.50	101.25
7.00	77.00	84.00	91.00	98.00	105.00
7.25	79.75	87.00	94.25	101.50	108.75

Price per ton.	16	17	18	19	20
.05	.80	.85	.90	.95	1.00
.10	1.60	1.70	1.80	1.90	2.00
4.00	64.00	68.00	72.00	76.00	80.00
4.25	68.00	72.25	76.50	80.75	85.00
4.50	72.00	76.50	81.00	85.50	90.00
4.75	76.00	80.75	85.50	90.25	95.00
5.00	80.00	85.00	90.00	95.00	100.00
5.25	84.00	89.25	94.50	99.75	105.00
5.50	88.00	93.50	99.00	104.50	110.00
5.75	92.00	97.75	103.50	109.25	115.00
6.00	96.00	102.00	108.00	114.00	120.00
6.25	100.00	106.25	112.50	118.75	125.00
6.50	104.00	110.50	117.00	123.50	130.00
6.75	108.00	114.75	121.50	128.25	135.00
7.00	112.00	119.00	126.00	133.00	140.00
7.25	116.00	123.25	130.50	137.75	145.00

(107)

Price per ton.	21	22	23	24	25
.05	1.05	1.10	1.15	1.20	1.25
.10	2.10	2.20	2.30	2.40	2.50
4.00	84.00	88.00	92.00	96.00	100.00
4.25	89.25	93.50	97.75	102.00	106.25
4.50	94.50	99.00	103.50	108.00	112.50
4.75	99.75	104.50	109.25	114.00	118.75
5.00	105.00	110.00	115.00	120.00	125.00
5.25	110.25	115.50	120.75	126.00	131.25
5.50	115.50	121.00	126.50	132.00	137.50
5.75	120.75	126.50	132.25	138.00	143.75
6.00	126.00	132.00	138.00	144.00	150.00
6.25	131.25	137.50	143.75	150.00	156.25
6.50	136.50	143.00	149.50	156.00	162.50
6.75	141.75	148.50	155.25	162.00	168.75
7.00	147.00	154.00	161.00	168.00	175.00
7.25	152.25	159.50	166.75	174.00	181.25

Price per ton.	26	27	28	29	30
.05	1.30	1.35	1.40	1.45	1.50
.10	2.60	2.70	2.80	2.90	3.00
4.00	104.00	108.00	112.00	116.00	120.00
4.25	110.50	114.75	119.00	123.25	127.50
4.50	117.00	121.50	126.00	130.50	135.00
4.75	123.50	128.25	133.00	137.75	142.50
5.00	130.00	135.00	140.00	145.00	150.00
5.25	136.50	141.75	147.00	152.25	157.50
5.50	143.00	148.50	154.00	159.50	165.00
5.75	149.50	155.25	161.00	166.75	172.50
6.00	156.00	162.00	168.00	174.00	180.00
6.25	162.50	168.75	175.00	181.25	187.50
6.50	169.00	175.50	182.00	188.50	195.00
6.75	175.50	182.25	189.00	195.75	202.50
7.00	182.00	189.00	196.00	203.00	210.00
7.25	188.50	195.75	203.00	210.25	217.50

Price per ton.	31	32	33	34	35
.05	1.55	1.60	1.65	1.70	1.75
.10	3.10	3.20	3.30	3.40	3.50
4.00	124.00	128.00	132.00	136.00	140.00
4.25	131.75	136.00	140.25	144.50	148.75
4.50	139.50	144.00	148.50	153.00	157.50
4.75	147.25	152.00	156.75	161.50	166.25
5.00	155.00	160.00	165.00	170.00	175.00
5.25	162.75	168.00	173.25	178.50	183.75
5.50	170.50	176.00	181.50	187.00	192.50
5.75	178.25	184.00	189.75	195.50	201.25
6.00	186.00	192.00	198.00	204.00	210.00
6.25	193.75	200.00	206.25	212.50	218.75
6.50	201.50	208.00	214.50	221.00	227.50
6.75	209.25	216.00	222.75	229.50	236.25
7.00	217.00	224.00	231.00	238.00	245.00
7.25	224.75	232.00	239.25	246.50	253.75

Price per ton.	36	37	38	39	40
.05	1.80	1.85	1.90	1.95	2.00
.10	3.60	3.70	3.80	3.90	4.00
4.00	144.00	148.00	152.00	156.00	160.00
4.25	153.00	157.25	161.50	165.75	170.00
4.50	162.00	166.50	171.00	175.50	180.00
4.75	171.00	175.75	180.50	185.25	190.00
5.00	180.00	185.00	190.00	195.00	200.00
5.25	189.00	194.25	199.50	204.75	210.00
5.50	198.00	203.50	209.00	214.50	220.00
5.75	207.00	212.75	218.50	224.25	230.00
6.00	216.00	222.00	228.00	234.00	240.00
6.25	225.00	231.25	237.50	243.75	250.00
6.50	234.00	240.50	247.00	253.50	260.00
6.75	243.00	249.75	256.50	263.25	270.00
7.00	252.00	259.00	266.00	273.00	280.00
7.25	261.00	268.25	275.50	282.75	290.00

Price per ton.	41	42	43	44	45
.05	2.05	2.10	2.15	2.20	2.25
.10	4.10	4.20	4.30	4.40	4.50
4.00	164.00	168.00	172.00	176.00	180.00
4.25	174.25	178.50	182.75	187.00	191.25
4.50	184.50	189.00	193.50	198.00	202.50
4.75	194.75	199.50	204.25	209.00	213.75
5.00	205.00	210.00	215.00	220.00	225.00
5.25	215.25	220.50	225.75	231.00	236.25
5.50	225.50	231.00	236.50	242.00	247.50
5.75	235.75	241.50	247.25	253.00	258.75
6.00	246.00	252.00	258.00	264.00	270.00
6.25	256.25	262.50	268.75	275.00	281.25
6.50	266.50	273.00	279.50	286.00	292.50
6.75	276.75	283.50	290.25	297.00	303.75
7.00	287.00	294.00	301.00	308.00	315.00
7.25	297.25	304.50	311.75	319.00	326.25

Price per ton.	46	47	48	49	50
.05	2.30	2.35	2.40	2.45	2.50
.10	4.60	4.70	4.80	4.90	5.00
4.00	184.00	188.00	192.00	196.00	200.00
4.25	195.50	199.75	204.00	208.25	212.50
4.50	207.00	211.50	216.00	220.50	225.00
4.75	218.50	223.25	228.00	232.75	237.50
5.00	230.00	235.00	240.00	245.00	250.00
5.25	241.50	246.75	252.00	257.25	262.50
5.50	253.00	258.50	264.00	269.50	275.00
5.75	264.50	270.25	276.00	281.75	287.50
6.00	276.00	282.00	288.00	294.00	300.00
6.25	287.50	293.75	300.00	306.25	312.50
6.50	299.00	305.50	312.00	318.50	325.00
6.75	310.50	317.25	324.00	330.75	337.50
7.00	322.00	329.00	336.00	343.00	350.00
7.25	333.50	340.75	348.00	355.25	362.50

Price per ton.	51	52	53	54	55
.05	2.55	2.60	2.65	2.70	2.75
.10	5.10	5.20	5.30	5.40	5.55
4.00	204.00	208.00	212.00	216.00	220.00
4.25	216.75	221.00	225.25	229.50	233.75
4.50	229.50	234.00	238.50	243.00	247.50
4.75	242.25	247.00	251.75	256.50	261.25
5.00	255.00	260.00	265.00	270.00	275.00
5.25	267.75	273.00	278.25	283.50	288.75
5.50	280.50	286.00	291.50	297.00	302.50
5.75	293.25	299.00	304.75	310.50	316.25
6.00	306.00	312.00	318.00	324.00	330.00
6.25	318.75	325.00	331.25	337.50	343.75
6.50	331.50	338.00	344.50	351.00	357.50
6.75	344.25	351.00	357.75	364.50	371.25
7.00	357.00	364.00	371.00	378.00	385.00
7.25	369.75	377.00	384.25	391.50	398.75

Price per ton.	56	57	58	59	60
.05	2.80	2.85	2.90	2.95	3.00
.10	5.60	5.70	5.80	5.90	6.00
4.00	224.00	228.00	232.00	236.00	240.00
4.25	238.00	242.25	246.50	250.75	255.00
4.50	252.00	256.50	261.00	265.50	270.00
4.75	266.00	270.75	275.50	280.25	285.00
5.00	280.00	285.00	290.00	295.00	300.00
5.25	294.00	299.25	304.50	309.75	315.00
5.50	308.00	313.50	319.00	324.50	330.00
5.75	322.00	327.75	333.50	339.25	345.00
6.00	336.00	342.00	348.00	354.00	360.00
6.25	350.00	356.25	362.50	368.75	375.00
6.50	364.00	370.50	377.00	383.50	390.00
6.75	378.00	384.75	391.50	398.25	405.00
7.00	392.00	399.00	406.00	413.00	420.00
7.25	406.00	413.25	420.50	427.75	435.00

Price per ton.	61	62	63	64	65
.05	3.05	3.10	3.15	3.20	3.25
.10	6.10	6.20	6.30	6.40	6.50
4.00	244.00	248.00	252.00	256.00	260.00
4.25	259.25	263.50	267.75	272.00	276.25
4.50	274.50	279.00	283.50	288.00	292.50
4.75	289.75	294.50	299.25	304.00	308.75
5.00	305.00	310.00	315.00	320.00	325.00
5.25	320.25	325.50	330.75	336.00	341.25
5.50	335.50	341.00	346.50	352.00	357.50
5.75	350.75	356.50	362.25	368.00	373.75
6.00	366.00	372.00	378.00	384.00	390.00
6.25	381.25	387.50	393.75	400.00	406.25
6.50	396.50	403.00	409.50	416.00	422.50
6.75	411.75	418.50	425.25	432.00	438.75
7.00	427.00	434.00	441.00	448.00	455.00
7.25	442.25	449.50	456.75	464.00	471.25

Price per ton.	66	67	68	69	70
.05	3.30	3.35	3.40	3.45	3.50
.10	6.60	6.70	6.80	6.90	7.00
4.00	264.00	268.00	272.00	276.00	280.00
4.25	280.50	284.75	289.00	293.25	297.50
4.50	297.00	301.50	306.00	310.50	315.00
4.75	313.50	318.25	323.00	327.75	332.50
5.00	330.00	335.00	340.00	345.00	350.00
5.25	346.50	351.75	357.00	362.25	367.50
5.50	363.00	368.50	374.00	379.50	385.00
5.75	379.50	385.25	391.00	396.75	402.50
6.00	396.00	402.00	408.00	414.00	420.00
6.25	412.50	418.75	425.00	431.25	437.50
6.50	429.00	435.50	442.00	448.50	455.00
6.75	445.50	452.25	459.00	465.75	472.50
7.00	462.00	469.00	476.00	483.00	490.00
7.25	478.50	485.75	493.00	500.25	507.50

Price per ton.	71	72	73	74	75
.05	3.55	3.60	3.65	3.70	3.75
.10	7.10	7.20	7.30	7.40	7.50
4.00	284.00	288.00	292.00	296.00	300.00
4.25	301.75	306.00	310.25	314.50	318.75
4.50	319.50	324.00	328.50	333.00	337.50
4.75	337.25	342.00	346.75	351.50	356.25
5.00	355.00	360.00	365.00	370.00	375.00
5.25	372.75	378.00	383.25	388.50	393.75
5.50	390.50	396.00	401.50	407.00	412.50
5.75	408.25	414.00	419.75	425.50	431.25
6.00	426.00	432.00	438.00	444.00	450.00
6.25	443.75	450.00	456.25	462.50	468.75
6.50	461.50	468.00	474.50	481.00	487.50
6.75	479.25	486.00	492.75	499.50	506.25
7.00	497.00	504.00	511.00	518.00	525.00
7.25	514.75	522.00	529.25	536.50	543.75

Price per ton.	76	77	78	79	80
.05	3.80	3.85	3.90	3.95	4.00
.10	7.60	7.70	7.80	7.90	8.00
4.00	304.00	308.00	312.00	316.00	320.00
4.25	323.00	327.25	331.50	335.75	340.00
4.50	342.00	346.50	351.00	355.50	360.00
4.75	361.00	365.75	370.50	375.25	380.00
5.00	380.00	385.00	390.00	395.00	400.00
5.25	399.00	404.25	409.50	414.75	420.00
5.50	418.00	423.50	429.00	434.50	440.00
5.75	437.00	442.75	448.50	454.25	460.00
6.00	456.00	462.00	468.00	474.00	480.00
6.25	475.00	481.25	487.50	493.75	500.00
6.50	494.00	500.50	507.00	513.50	520.00
6.75	513.00	519.75	526.50	533.25	540.00
7.00	532.00	539.00	546.00	553.00	560.00
7.25	551.00	558.25	565.50	572.75	580.00

Price per ton.	81	82	83	84	85
.05	4.05	4.10	4.15	4.20	4.25
.10	8.10	8.20	8.30	8.40	8.50
4.00	324.00	328.00	332.00	336.00	340.00
4.25	344.25	348.50	352.75	357.00	361.25
4.50	364.50	369.00	373.50	378.00	382.50
4.75	384.75	389.50	394.25	399.00	403.75
5.00	405.00	410.00	415.00	420.00	425.00
5.25	425.25	430.50	435.75	441.00	446.25
5.50	445.50	451.00	456.50	462.00	467.50
5.75	465.75	471.50	477.25	483.00	488.75
6.00	486.00	492.00	498.00	504.00	510.00
6.25	506.25	512.50	518.75	525.00	531.25
6.50	526.50	533.00	539.50	546.00	552.50
6.75	546.75	553.50	560.25	567.00	573.75
7.00	567.00	574.00	581.00	588.00	595.00
7.25	587.25	594.50	601.75	609.00	616.25

Price per ton.	86	87	88	89	90
.05	4.30	4.35	4.40	4.45	4.50
.10	8.60	8.70	8.80	8.90	9.00
4.00	344.00	348.00	352.00	356.00	360.00
4.25	365.50	369.75	374.00	378.25	382.50
4.50	387.00	391.50	396.00	400.50	405.00
4.75	408.50	413.25	418.00	422.75	427.50
5.00	430.00	435.00	440.00	445.00	450.00
5.25	451.50	456.75	462.00	467.25	472.50
5.50	473.00	478.50	484.00	489.50	495.00
5.75	494.50	500.25	506.00	511.75	517.50
6.00	516.00	522.00	528.00	534.00	540.00
6.25	537.50	543.75	550.00	556.25	562.50
6.50	559.00	565.50	572.00	578.50	585.00
6.75	580.50	587.25	594.00	600.75	607.50
7.00	602.00	609.00	616.00	623.00	630.00
7.25	623.50	630.75	638.00	645.25	652.50

(114)

Price per ton.	91	92	93	94	95
.05	4.55	4.60	4.65	4.70	4.75
.10	9.10	9.20	9.30	9.40	9.50
4.00	364.00	368.00	372.00	376.00	380.00
4.25	386.75	391.00	395.25	399.50	403.75
4.50	409.50	414.00	418.50	423.00	427.50
4.75	432.25	437.00	441.75	446.50	451.25
5.00	455.00	460.00	465.00	470.00	475.00
5.25	477.75	483.00	488.25	493.50	498.75
5.50	500.50	506.00	511.50	517.00	522.50
5.75	523.25	529.00	534.75	540.50	546.25
6.00	546.00	552.00	558.00	564.00	570.00
6.25	568.75	575.00	581.25	587.50	593.75
6.50	591.50	598.00	604.50	611.00	617.50
6.75	614.25	621.00	627.75	634.50	641.25
7.00	637.00	644.00	651.00	658.00	665.00
7.25	659.75	667.00	674.25	681.50	688.75

Price per ton.	96	97	98	99	100
.05	4.80	4.85	4.90	4.95	5.00
.10	9.60	9.70	9.80	9.90	10.00
4.00	384.00	388.00	392.00	396.00	400.00
4.25	408.00	412.25	416.50	420.75	425.00
4.50	432.00	436.50	441.00	445.50	450.00
4.75	456.00	460.75	465.50	470.25	475.00
5.00	480.00	485.00	490.00	495.00	500.00
5.25	504.00	509.25	514.50	519.75	525.00
5.50	528.00	533.50	539.00	544.50	550.00
5.75	552.00	557.75	563.50	569.25	575.00
6.00	576.00	582.00	588.00	594.00	600.00
6.25	600.00	606.25	612.50	618.75	625.00
6.50	624.00	630.50	637.00	643.50	650.00
6.75	648.00	654.75	661.50	668.25	675.00
7.00	672.00	679.00	686.00	693.00	700.00
7.25	696.00	703.25	710.50	717.75	725.00

Price per ton.	101	102	103	104	105
.05	5.05	5.10	5.15	5.20	5.25
.10	10.10	10.20	10.30	10.40	10.50
4.00	404.00	408.00	412.00	416.00	420.00
4.25	429.25	433.50	437.75	442.00	446.25
4.50	454.50	459.00	463.50	468.00	472.50
4.75	479.75	484.50	489.25	494.00	498.75
5.00	505.00	510.00	515.00	520.00	525.00
5.25	530.25	535.50	540.75	546.00	551.25
5.50	555.50	561.00	566.50	572.00	577.50
5.75	580.75	586.50	592.25	598.00	603.75
6.00	606.00	612.00	618.00	624.00	630.00
6.25	631.25	637.50	643.75	650.00	656.25
6.50	656.50	663.00	669.50	676.00	682.50
6.75	681.75	688.50	695.25	702.00	708.75
7.00	707.00	714.00	721.00	728.00	735.00
7.25	732.25	739.50	746.75	754.00	761.25

Price per ton.	106	107	108	109	110
.05	5.30	5.35	5.40	5.45	5.50
.10	10.60	10.70	10.80	10.90	11.00
4.00	424.00	428.00	432.00	436.00	440.00
4.25	450.50	454.75	459.00	463.25	467.50
4.50	477.00	481.50	486.00	490.50	495.00
4.75	503.50	508.25	513.00	517.75	522.50
5.00	530.00	535.00	540.00	545.00	550.00
5.25	556.50	561.75	567.00	572.25	577.50
5.50	583.00	588.50	594.00	599.50	605.00
5.75	609.50	615.25	621.00	626.75	632.50
6.00	636.00	642.00	648.00	654.00	660.00
6.25	662.50	668.75	675.00	681.25	687.50
6.50	689.00	695.50	702.00	708.50	715.00
6.75	715.50	722.25	729.00	735.75	742.50
7.00	742.00	749.00	756.00	763.00	770.00
7.25	768.50	775.75	783.00	790.25	797.50

Price per ton.	111	112	113	114	115
.05	5.55	5.60	5.65	5.70	5.75
.10	11.10	11.20	11.30	11.40	11.50
4.00	444.00	448.00	452.00	456.00	460.00
4.25	471.75	476.00	480.25	484.50	488.75
4.50	499.50	504.00	508.50	513.00	517.50
4.75	527.25	532.00	536.75	541.50	546.25
5.00	555.00	560.00	565.00	570.00	575.00
5.25	582.75	588.00	593.25	598.50	603.75
5.50	610.50	616.00	621.50	627.00	632.50
5.75	638.25	644.00	649.75	655.50	661.25
6.00	666.00	672.00	678.00	684.00	690.00
6.25	693.75	700.00	706.25	712.50	718.75
6.50	721.50	728.00	734.50	741.00	747.50
6.75	749.25	756.00	762.75	769.50	776.25
7.00	777.00	784.00	791.00	798.00	805.00
7.25	804.75	812.00	819.25	826.50	833.75

Price per ton.	116	117	118	119	120
.05	5.80	5.85	5.90	5.95	6.00
.10	11.60	11.70	11.80	11.90	12.00
4.00	464.00	468.00	472.00	476.00	480.00
4.25	493.00	497.25	501.50	505.75	510.00
4.50	522.00	526.50	531.00	535.50	540.00
4.75	551.00	555.75	560.50	565.25	570.00
5.00	580.00	585.00	590.00	595.00	600.00
5.25	609.00	614.25	619.50	624.75	630.00
5.50	638.00	643.50	649.00	654.50	660.00
5.75	667.00	672.75	678.50	684.25	690.00
6.00	696.00	702.00	708.00	714.00	720.00
6.25	725.00	731.25	737.50	743.75	750.00
6.50	754.00	760.50	767.00	773.50	780.00
6.75	783.00	789.75	796.50	803.25	810.00
7.00	812.00	819.00	826.00	833.00	840.00
7.25	841.00	848.25	855.50	862.75	870.00

Price per ton.	121	122	123	124	125
.05	6.05	6.10	6.15	6.20	6.25
.10	12.10	12.20	12.30	12.40	12.50
4.00	484.00	488.00	492.00	496.00	500.00
4.25	514.25	518.50	522.75	527.00	531.25
4.50	544.50	549.00	553.50	558.00	562.50
4.75	574.75	579.50	584.25	589.00	593.75
5.00	605.00	610.00	615.00	620.00	625.00
5.25	635.25	640.50	645.75	651.00	656.25
5.50	665.50	671.00	676.50	682.00	687.50
5.75	695.75	701.50	707.25	713.00	718.75
6.00	726.00	732.00	738.00	744.00	750.00
6.25	756.25	762.50	768.75	775.00	781.25
6.50	786.50	793.00	799.50	806.00	812.50
6.75	816.75	823.50	830.25	837.00	843.75
7.00	847.00	854.00	861.00	868.00	875.00
7.25	877.25	884.50	891.75	899.00	906.25

Price per ton.	126	127	128	129	130
.05	6.30	6.35	6.40	6.45	6.50
.10	12.60	12.70	12.80	12.90	13.00
4.00	504.00	508.00	512.00	516.00	520.00
4.25	535.50	539.75	544.00	548.25	552.50
4.50	567.00	571.50	576.00	580.50	585.00
4.75	598.50	603.25	608.00	612.75	617.50
5.00	630.00	635.00	640.00	645.00	650.00
5.25	661.50	666.75	672.00	677.25	682.50
5.50	693.00	698.50	704.00	709.50	715.00
5.75	724.50	730.25	736.00	741.75	747.50
6.00	756.00	762.00	768.00	774.00	780.00
6.25	787.50	793.75	800.00	806.25	812.50
6.50	819.00	825.50	832.00	838.50	845.00
6.75	850.50	857.25	864.00	870.75	877.50
7.00	882.00	889.00	896.00	903.00	910.00
7.25	913.50	920.75	928.00	935.25	942.50

(118)

Price per ton.	131	132	133	134	135
.05	6.55	6.60	6.65	6.70	6.75
.10	13.10	13.20	13.30	13.40	13.50
4.00	524.00	528.00	532.00	536.00	540.00
4.25	556.75	561.00	565.25	569.50	573.75
4.50	589.50	594.00	598.50	603.00	607.50
4.75	622.25	627.00	631.75	636.50	641.25
5.00	655.00	660.00	665.00	670.00	675.00
5.25	687.75	693.00	698.25	703.50	708.75
5.50	720.50	726.00	731.50	737.00	742.50
5.75	753.25	759.00	764.75	770.50	776.25
6.00	786.00	792.00	798.00	804.00	810.00
6.25	818.75	825.00	831.25	837.50	843.75
6.50	851.50	858.00	864.50	871.00	877.50
6.75	884.25	891.00	897.75	904.50	911.25
7.00	917.00	924.00	931.00	938.00	945.00
7.25	949.75	957.00	964.25	971.50	978.75

Price per ton.	136	137	138	139	140
.05	6.80	6.85	6.90	6.95	7.00
.10	13.60	13.70	13.80	13.90	14.00
4.00	544.00	548.00	552.00	556.00	560.00
4.25	578.00	582.25	586.50	590.75	595.00
4.50	612.00	616.50	621.00	625.50	630.00
4.75	646.00	650.75	655.50	660.25	665.00
5.00	680.00	685.00	690.00	695.00	700.00
5.25	714.00	719.25	724.50	729.75	735.00
5.50	748.00	753.50	759.00	764.50	770.00
5.75	782.00	787.75	793.50	799.25	805.00
6.00	816.00	822.00	828.00	834.00	840.00
6.25	850.00	856.25	862.50	868.75	875.00
6.50	884.00	890.50	897.00	903.50	910.00
6.75	918.00	924.75	931.50	938.25	945.00
7.00	952.00	959.00	966.00	973.00	980.00
7.25	986.00	993.25	1000.50	1007.75	1015.00

(119)

Price per ton.	141	142	143	144	145
.05	7.05	7.10	7.15	7.20	7.25
.10	14.10	14.20	14.30	14.40	14.50
4.00	564.00	568.00	572.00	576.00	580.00
4.25	599.25	603.50	607.75	612.00	616.25
4.50	634.50	639.00	643.50	648.00	652.50
4.75	669.75	674.50	679.25	684.00	688.75
5.00	705.00	710.00	715.00	720.00	725.00
5.25	740.25	745.50	750.75	756.00	761.25
5.50	775.50	781.00	786.50	792.00	797.50
5.75	810.75	816.50	822.25	828.00	833.75
6.00	846.00	852.00	858.00	864.00	870.00
6.25	881.25	887.50	893.75	900.00	906.25
6.50	916.50	923.00	929.50	936.00	942.50
6.75	951.75	958.50	965.25	972.00	978.75
7.00	987.00	994.00	1001.00	1008.00	1015.00
7.25	1022.25	1029.50	1036.75	1044.00	1051.25

Price per ton.	146	147	148	149	150
.05	7.30	7.35	7.40	7.45	7.50
.10	14.60	14.70	14.80	14.90	15.00
4.00	584.00	588.00	592.00	596.00	600.00
4.25	620.50	624.75	629.00	633.25	637.50
4.50	657.00	661.50	666.00	670.50	675.00
4.75	693.50	698.25	703.00	707.75	712.50
5.00	730.00	735.00	740.00	745.00	750.00
5.25	766.50	771.75	777.00	782.25	787.50
5.50	803.00	808.50	814.00	819.50	825.00
5.75	839.50	845.25	851.00	856.75	862.50
6.00	876.00	882.00	888.00	894.00	900.00
6.25	912.50	918.75	925.00	931.25	937.50
6.50	949.00	955.50	962.00	968.50	975.00
6.75	985.50	992.25	999.00	1005.75	1012.50
7.00	1022.00	1029.00	1036.00	1043.00	1050.00
7.25	1058.50	1065.75	1073.00	1080.25	1087.50

Price per ton.	151	152	153	154	155
.05	7.55	7.60	7.65	7.70	7.75
.10	15.10	15.20	15.30	15.40	15.50
4.00	604.00	608.00	612.00	616.00	620.00
4.25	641.75	646.00	650.25	654.50	658.75
4.50	679.50	684.00	688.50	693.00	697.50
4.75	717.25	722.00	726.75	731.50	736.25
5.00	755.00	760.00	765.00	770.00	775.00
5.25	792.75	798.00	803.25	808.50	813.75
5.50	830.50	836.00	841.50	847.00	852.50
5.75	868.25	874.00	879.75	885.50	891.25
6.00	906.00	912.00	918.00	924.00	930.00
6.25	943.75	950.00	956.25	962.50	968.75
6.50	981.50	988.00	994.50	1001.00	1007.50
6.75	1019.25	1026.00	1032.75	1039.50	1046.25
7.00	1057.00	1064.00	1071.00	1078.00	1085.00
7.25	1094.75	1102.00	1109.25	1116.50	1123.75
Price per ton.	156	157	158	159	160
.05	7.80	7.85	7.90	7.95	8.00
.10	15.60	15.70	15.80	15.90	16.00
4.00	624.00	628.00	632.00	636.00	640.00
4.25	663.00	667.25	671.50	675.75	680.00
4.50	702.00	706.50	711.00	715.50	720.00
4.75	741.00	745.75	750.50	755.25	760.00
5.00	780.00	785.00	790.00	795.00	800.00
5.25	819.00	824.25	829.50	834.75	840.00
5.50	858.00	863.50	869.00	874.50	880.00
5.75	897.00	902.75	908.50	914.25	920.00
6.00	936.00	942.00	948.00	954.00	960.00
6.25	975.00	981.25	987.50	993.75	1000.00
6.50	1014.00	1020.50	1027.00	1033.50	1040.00
6.75	1053.00	1059.75	1066.50	1073.25	1080.00
7.00	1092.00	1099.00	1106.00	1113.00	1120.00
7.25	1131.00	1138.25	1145.50	1152.75	1160.00

(121)

Price per ton	161	162	163	164	165
.05	8.05	8.10	8.15	8.20	8.25
.10	16.10	16.20	16.30	16.40	16.50
4.00	644.00	648.00	652.00	656.00	660.00
4.25	684.25	688.50	692.75	697.00	701.25
4.50	724.50	729.00	733.50	738.00	742.50
4.75	764.75	769.50	774.25	779.00	783.75
5.00	805.00	810.00	815.00	820.00	825.00
5.25	845.25	850.50	855.75	861.00	866.25
5.50	885.50	891.00	896.50	902.00	907.50
5.75	925.75	931.50	937.25	943.00	948.75
6.00	966.00	972.00	978.00	984.00	990.00
6.25	1006.25	1012.50	1018.75	1025.00	1031.25
6.50	1046.50	1053.00	1059.50	1066.00	1072.50
6.75	1086.75	1093.50	1100.25	1107.00	1113.75
7.00	1127.00	1134.00	1141.00	1148.00	1155.00
7.25	1167.25	1174.50	1181.75	1189.00	1196.25

Price per ton.	166	167	168	169	170
.05	8.30	8.35	8.40	8.45	8.50
.10	16.60	16.70	16.80	16.90	17.00
4.00	664.00	668.00	672.00	676.00	680.00
4.25	705.50	709.75	714.00	718.25	722.50
4.50	747.00	751.50	756.00	760.50	765.00
4.75	788.50	793.25	798.00	802.75	807.50
5.00	830.00	835.00	840.00	845.00	850.00
5.25	871.50	876.75	882.00	887.25	892.50
5.50	913.00	918.50	924.00	929.50	935.00
5.75	954.50	960.25	966.00	971.75	977.50
6.00	996.00	1002.00	1008.00	1014.00	1020.00
6.25	1037.50	1043.75	1050.00	1056.25	1062.50
6.50	1079.00	1085.50	1092.00	1098.50	1105.00
6.75	1120.50	1127.25	1134.00	1140.75	1147.50
7.00	1162.00	1169.00	1176.00	1183.00	1190.00
7.25	1203.50	1210.75	1218.00	1225.25	1232.50

Price per ton.	171	172	173	174	175
.05	8.55	8.60	8.65	8.70	8.75
.10	17.10	17.20	17.30	17.40	17.50
4.00	684.00	688.00	692.00	696.00	700.00
4.25	726.75	731.00	735.25	739.50	743.75
4.50	769.50	774.00	778.50	783.00	787.50
4.75	812.25	817.00	821.75	826.50	831.25
5.00	855.00	860.00	865.00	870.00	875.00
5.25	897.75	903.00	908.25	913.50	918.75
5.50	940.50	946.00	951.50	957.00	962.50
5.75	983.25	989.00	994.75	1000.50	1006.25
6.00	1026.00	1032.00	1038.00	1044.00	1050.00
6.25	1068.75	1075.00	1081.25	1087.50	1093.75
6.50	1111.50	1118.00	1124.50	1131.00	1137.50
6.75	1154.25	1161.00	1167.75	1174.50	1181.25
7.00	1197.00	1204.00	1211.00	1218.00	1225.00
7.25	1239.75	1247.00	1254.25	1261.50	1268.75

Price per ton.	176	177	178	179	180
.05	8.80	8.85	8.90	8.95	9.00
.10	17.60	17.70	17.80	17.90	18.00
4.00	704.00	708.00	712.00	716.00	720.00
4.25	748.00	752.25	756.50	760.75	765.00
4.50	792.00	796.50	801.00	805.50	810.00
4.75	836.00	840.75	845.50	850.25	855.00
5.00	880.00	885.00	890.00	895.00	900.00
5.25	924.00	929.25	934.50	939.75	945.00
5.50	968.00	973.50	979.00	984.50	990.00
5.75	1012.00	1017.75	1023.50	1029.25	1035.00
6.00	1056.00	1062.00	1068.00	1074.00	1080.00
6.25	1100.00	1106.25	1112.50	1118.75	1125.00
6.50	1144.00	1150.50	1157.00	1163.50	1170.00
6.75	1188.00	1194.75	1201.50	1208.25	1215.00
7.00	1232.00	1239.00	1246.00	1253.00	1260.00
7.25	1276.00	1283.25	1290.50	1297.75	1305.00

(123)

Price per ton.	181	182	183	184	185
.05	9.05	9.10	9.15	9.20	9.25
.10	18.10	18.20	18.30	18.40	18.50
4.00	724.00	728.00	732.00	736.00	740.00
4.25	769.25	773.50	777.75	782.00	786.25
4.50	814.50	819.00	823.50	828.00	832.50
4.75	859.75	864.50	869.25	874.00	878.75
5.00	905.00	910.00	915.00	920.00	925.00
5.25	950.25	955.50	960.75	966.00	971.25
5.50	995.50	1001.00	1006.50	1012.00	1017.50
5.75	1040.75	1046.50	1052.25	1058.00	1063.75
6.00	1086.00	1092.00	1098.00	1104.00	1110.00
6.25	1131.25	1137.50	1143.75	1150.00	1156.25
6.50	1176.50	1183.00	1189.50	1196.00	1202.50
6.75	1221.75	1228.50	1235.25	1242.00	1248.75
7.00	1267.00	1274.00	1281.00	1288.00	1295.00
7.25	1312.25	1319.50	1326.75	1334.00	1341.25

Price per ton.	186	187	188	189	190
.05	9.30	9.35	9.40	9.45	9.50
.10	18.60	18.70	18.80	18.90	19.00
4.00	744.00	748.00	752.00	756.00	760.00
4.25	790.50	794.75	799.00	803.25	807.50
4.50	837.00	841.50	846.00	850.50	855.00
4.75	883.50	888.25	893.00	897.75	902.50
5.00	930.00	935.00	940.00	945.00	950.00
5.25	976.50	981.75	987.00	992.25	997.50
5.50	1023.00	1028.50	1034.00	1039.50	1045.00
5.75	1069.50	1075.25	1081.00	1086.75	1092.50
6.00	1116.00	1122.00	1128.00	1134.00	1140.00
6.25	1162.50	1168.75	1175.00	1181.25	1187.50
6.50	1209.00	1215.50	1222.00	1228.50	1235.00
6.75	1255.50	1262.25	1269.00	1275.75	1282.50
7.00	1302.00	1309.00	1316.00	1323.00	1330.00
7.25	1348.50	1355.75	1363.00	1370.25	1377.50

Price per ton.	191	192	193	194	195
.05	9.55	9.60	9.65	9.70	9.75
.10	19.10	19.20	19.30	19.40	19.50
4.00	764.00	768.00	772.00	776.00	780.00
4.25	811.75	816.00	820.25	824.50	828.75
4.50	859.50	864.00	868.50	873.00	877.50
4.75	907.25	912.00	916.75	921.50	926.25
5.00	955.00	960.00	965.00	970.00	975.00
5.25	1002.75	1008.00	1013.25	1018.50	1023.75
5.50	1050.50	1056.00	1061.50	1067.00	1072.50
5.75	1098.25	1104.00	1109.75	1115.50	1121.25
6.00	1146.00	1152.00	1158.00	1164.00	1170.00
6.25	1193.75	1200.00	1206.25	1212.50	1218.75
6.50	1241.50	1248.00	1254.50	1261.00	1267.50
6.75	1289.25	1296.00	1302.75	1309.50	1316.25
7.00	1337.00	1344.00	1351.00	1358.00	1365.00
7.25	1384.75	1392.00	1399.25	1406.50	1413.75

Price per ton.	196	197	198	199	200
.05	9.80	9.85	9.90	9.95	10.00
.10	19.60	19.70	19.80	19.90	20.00
4.00	784.00	788.00	792.00	796.00	800.00
4.25	833.00	837.25	841.50	845.75	850.00
4.50	882.00	886.50	891.00	895.50	900.00
4.75	931.00	935.75	940.50	945.25	950.00
5.00	980.00	985.00	990.00	995.00	1000.00
5.25	1029.00	1034.25	1039.50	1044.75	1050.00
5.50	1078.00	1083.50	1089.00	1094.50	1100.00
5.75	1127.00	1132.75	1138.50	1144.25	1150.00
6.00	1176.00	1182.00	1188.00	1194.00	1200.00
6.25	1225.00	1231.25	1237.50	1243.75	1250.00
6.50	1274.00	1280.50	1287.00	1293.50	1300.00
6.75	1323.00	1329.75	1336.50	1343.25	1350.00
7.00	1372.00	1379.00	1386.00	1393.00	1400.00
7.25	1421.00	1428.25	1435.50	1442.75	1450.00

(125)

Price per ton.	201	202	203	204	205
.05	10.05	10.10	10.15	10.20	10.25
.10	20.10	20.20	20.30	20.40	20.50
4.00	804.00	808.00	812.00	816.00	820.00
4.25	854.25	858.50	862.75	867.00	871.25
4.50	904.50	909.00	913.50	918.00	922.50
4.75	954.75	959.50	964.25	969.00	973.75
5.00	1005.00	1010.00	1015.00	1020.00	1025.00
5.25	1055.25	1060.50	1065.75	1071.00	1076.25
5.50	1105.50	1111.00	1116.50	1122.00	1127.50
5.75	1155.75	1161.50	1167.25	1173.00	1178.75
6.00	1206.00	1212.00	1218.00	1224.00	1230.00
6.25	1256.25	1262.50	1268.75	1275.00	1281.25
6.50	1306.50	1313.00	1319.50	1326.00	1332.50
6.75	1356.75	1363.50	1370.25	1377.00	1383.75
7.00	1407.00	1414.00	1421.00	1428.00	1435.00
7.25	1457.25	1464.50	1471.75	1479.00	1486.25

Price per ton.	206	207	208	209	210
.05	10.30	10.35	10.40	10.45	10.50
.10	20.60	20.70	20.80	20.90	21.00
4.00	824.00	828.00	832.00	836.00	840.00
4.25	875.50	879.75	884.00	888.25	892.50
4.50	927.00	931.50	936.00	940.50	945.00
4.75	978.50	983.25	988.00	992.75	997.50
5.00	1030.00	1035.00	1040.00	1045.00	1050.00
5.25	1081.50	1086.75	1092.00	1097.25	1102.50
5.50	1133.00	1138.50	1144.00	1149.50	1155.00
5.75	1184.50	1190.25	1196.00	1201.75	1207.50
6.00	1236.00	1242.00	1248.00	1254.00	1260.00
6.25	1287.50	1293.75	1300.00	1306.25	1312.50
6.50	1339.00	1345.50	1352.00	1358.50	1365.00
6.75	1390.50	1397.25	1404.00	1410.75	1417.50
7.00	1442.00	1449.00	1456.00	1463.00	1470.00
7.25	1493.50	1500.75	1508.00	1515.25	1522.50

Price per ton.	211	212	213	214	215
.05	10.55	10.60	10.65	10.70	10.75
.10	21.10	21.20	21.30	21.40	21.50
4.00	844.00	848.00	852.00	856.00	860.00
4.25	896.75	901.00	905.25	909.50	913.75
4.50	949.50	954.00	958.50	963.00	967.50
4.75	1002.25	1007.00	1011.75	1016.50	1021.25
5.00	1055.00	1060.00	1065.00	1070.00	1075.00
5.25	1107.75	1113.00	1118.25	1123.50	1128.75
5.50	1160.50	1166.00	1171.50	1177.00	1182.50
5.75	1213.25	1219.00	1224.75	1230.50	1236.25
6.00	1266.00	1272.00	1278.00	1284.00	1290.00
6.25	1318.75	1325.00	1331.25	1337.50	1343.75
6.50	1371.50	1378.00	1384.50	1391.00	1397.50
6.75	1424.25	1431.00	1437.75	1444.50	1451.25
7.00	1477.00	1484.00	1491.00	1498.00	1505.00
7.25	1529.75	1537.00	1544.25	1551.50	1558.75

Price per ton.	216	217	218	219	220
.05	10.80	10.85	10.90	10.95	11.00
.10	21.60	21.70	21.80	21.90	22.00
4.00	864.00	868.00	872.00	876.00	880.00
4.25	918.00	922.25	926.50	930.75	935.00
4.50	972.00	976.50	981.00	985.50	990.00
4.75	1026.00	1030.75	1035.50	1040.25	1045.00
5.00	1080.00	1085.00	1090.00	1095.00	1100.00
5.25	1134.00	1139.25	1144.50	1149.75	1155.00
5.50	1188.00	1193.50	1199.00	1204.50	1210.00
5.75	1242.00	1247.75	1253.50	1259.25	1265.00
6.00	1296.00	1302.00	1308.00	1314.00	1320.00
6.25	1350.00	1356.25	1362.50	1368.75	1375.00
6.50	1404.00	1410.50	1417.00	1423.50	1430.00
6.75	1458.00	1464.75	1471.50	1478.25	1485.00
7.00	1512.00	1519.00	1526.00	1533.00	1540.00
7.25	1566.00	1573.25	1580.50	1587.75	1595.00

Price per ton.	221	222	223	224	225
.05	11.05	11.10	11.15	11.20	11.25
.10	22.10	22.20	22.30	22.40	22.50
4.00	884.00	888.00	892.00	896.00	900.00
4.25	939.25	943.50	947.75	952.00	956.25
4.50	994.50	999.00	1003.50	1008.00	1012.50
4.75	1049.75	1054.50	1059.25	1064.00	1068.75
5.00	1105.00	1110.00	1115.00	1120.00	1125.00
5.25	1160.25	1165.50	1170.75	1176.00	1181.25
5.50	1215.50	1221.00	1226.50	1232.00	1237.50
5.75	1270.75	1276.50	1282.25	1288.00	1293.75
6.00	1326.00	1332.00	1338.00	1344.00	1350.00
6.25	1381.25	1387.50	1393.75	1400.00	1406.25
6.50	1436.50	1443.00	1449.50	1456.00	1462.50
6.75	1491.75	1498.50	1505.25	1512.00	1518.75
7.00	1547.00	1554.00	1561.00	1568.00	1575.00
7.25	1602.25	1609.50	1616.75	1624.00	1631.25

Price per ton.	226	227	228	229	230
.05	11.30	11.35	11.40	11.45	11.50
.10	22.60	22.70	22.80	22.90	23.00
4.00	904.00	908.00	912.00	916.00	920.00
4.25	960.50	964.75	969.00	973.25	977.50
4.50	1017.00	1021.50	1026.00	1030.50	1035.00
4.75	1073.50	1078.25	1083.00	1087.75	1092.50
5.00	1130.00	1135.00	1140.00	1145.00	1150.00
5.25	1186.50	1191.75	1197.00	1202.25	1207.50
5.50	1243.00	1248.50	1254.00	1259.50	1265.00
5.75	1299.50	1305.25	1311.00	1316.75	1322.50
6.00	1356.00	1362.00	1368.00	1374.00	1380.00
6.25	1412.50	1418.75	1425.00	1431.25	1437.50
6.50	1469.00	1475.50	1482.00	1488.50	1495.00
6.75	1525.50	1532.25	1539.00	1545.75	1552.50
7.00	1582.00	1589.00	1596.00	1603.00	1610.00
7.25	1638.50	1645.75	1653.00	1660.25	1667.50

Price per ton.	231	232	233	234	235
.05	11.55	11.60	11.65	11.70	11.75
.10	23.10	23.20	23.30	23.40	23.50
4.00	924.00	928.00	932.00	936.00	940.00
4.25	981.75	986.00	990.25	994.50	998.75
4.50	1039.50	1044.00	1048.50	1053.00	1057.50
4.75	1097.25	1102.00	1106.75	1111.50	1116.25
5.00	1155.00	1160.00	1165.00	1170.00	1175.00
5.25	1212.75	1218.00	1223.25	1228.50	1233.75
5.50	1270.50	1276.00	1281.50	1287.00	1292.50
5.75	1328.25	1334.00	1339.75	1345.50	1351.25
6.00	1386.00	1392.00	1398.00	1404.00	1410.00
6.25	1443.75	1450.00	1456.25	1462.50	1468.75
6.50	1501.50	1508.00	1514.50	1521.00	1527.50
6.75	1559.25	1566.00	1572.75	1579.50	1586.25
7.00	1617.00	1624.00	1631.00	1638.00	1645.00
7.25	1674.75	1682.00	1689.25	1696.50	1703.75

Price per ton.	236	237	238	239	240
.05	11.80	11.85	11.90	11.95	12.00
.10	23.60	23.70	23.80	23.90	24.00
4.00	944.00	948.00	952.00	956.00	960.00
4.25	1003.00	1007.25	1011.50	1015.75	1020.00
4.50	1062.00	1066.50	1071.00	1075.50	1080.00
4.75	1121.00	1125.75	1130.50	1135.25	1140.00
5.00	1180.00	1185.00	1190.00	1195.00	1200.00
5.25	1239.00	1244.25	1249.50	1254.75	1260.00
5.50	1298.00	1303.50	1309.00	1314.50	1320.00
5.75	1357.00	1362.75	1368.50	1374.25	1380.00
6.00	1416.00	1422.00	1428.00	1434.00	1440.00
6.25	1475.00	1481.25	1487.50	1493.75	1500.00
6.50	1534.00	1540.50	1547.00	1553.50	1560.00
6.75	1593.00	1599.75	1606.50	1613.25	1620.00
7.00	1652.00	1659.00	1666.00	1673.00	1680.00
7.25	1711.00	1718.25	1725.50	1732.75	1740.00

Price per ton.	241	242	243	244	245
.05	12.05	12.10	12.15	12.20	12.25
.10	24.10	24.20	24.30	24.40	24.50
4.00	964.00	968.00	972.00	976.00	980.00
4.25	1024.25	1028.50	1032.75	1037.00	1041.25
4.50	1084.50	1089.00	1093.50	1098.00	1102.50
4.75	1144.75	1149.50	1154.25	1159.00	1163.75
5.00	1205.00	1210.00	1215.00	1220.00	1225.00
5.25	1265.25	1270.50	1275.75	1281.00	1286.25
5.50	1325.50	1331.00	1336.50	1342.00	1347.50
5.75	1385.75	1391.50	1397.25	1403.00	1408.75
6.00	1446.00	1452.00	1458.00	1464.00	1470.00
6.25	1506.25	1512.50	1518.75	1525.00	1531.25
6.50	1566.50	1573.00	1579.50	1586.00	1592.50
6.75	1626.75	1633.50	1640.25	1647.00	1653.75
7.00	1687.00	1694.00	1701.00	1708.00	1715.00
7.25	1747.25	1754.50	1761.75	1769.00	1776.25

Price per ton.	246	247	248	249	250
.05	12.30	12.35	12.40	12.45	12.50
.10	24.60	24.70	24.80	24.90	25.00
4.00	984.00	988.00	992.00	996.00	1000.00
4.25	1045.50	1049.75	1054.00	1058.25	1062.50
4.50	1107.00	1111.50	1116.00	1120.50	1125.00
4.75	1168.50	1173.25	1178.00	1182.75	1187.50
5.00	1230.00	1235.00	1240.00	1245.00	1250.00
5.25	1291.50	1296.75	1302.00	1307.25	1312.50
5.50	1353.00	1358.50	1364.00	1369.50	1375.00
5.75	1414.50	1420.25	1426.00	1431.75	1437.50
6.00	1476.00	1482.00	1488.00	1494.00	1500.00
6.25	1537.50	1543.75	1550.00	1556.25	1562.50
6.50	1599.00	1605.50	1612.00	1618.50	1625.00
6.75	1660.50	1667.25	1674.00	1680.75	1687.50
7.00	1722.00	1729.00	1736.00	1743.00	1750.00
7.25	1783.50	1790.75	1798.00	1805.25	1812.50

(130)

Price per ton.	251	252	253	254	255
.05	12.55	12.60	12.65	12.70	12.75
.10	25.10	25.20	25.30	25.40	25.50
4.00	1004.00	1008.00	1012.00	1016.00	1020.00
4.25	1066.75	1071.00	1075.25	1079.50	1083.75
4.50	1129.50	1134.00	1138.50	1143.00	1147.50
4.75	1192.25	1197.00	1201.75	1206.50	1211.25
5.00	1255.00	1260.00	1265.00	1270.00	1275.00
5.25	1317.75	1323.00	1328.25	1333.50	1338.75
5.50	1380.50	1386.00	1391.50	1397.00	1402.50
5.75	1443.25	1449.00	1454.75	1460.50	1466.25
6.00	1506.00	1512.00	1518.00	1524.00	1530.00
6.25	1568.75	1575.00	1581.25	1587.50	1593.75
6.50	1631.50	1638.00	1644.50	1651.00	1657.50
6.75	1694.25	1701.00	1707.75	1714.50	1721.25
7.00	1757.00	1764.00	1771.00	1778.00	1785.00
7.25	1819.75	1827.00	1834.25	1841.50	1848.75

Price per ton.	256	257	258	259	260
.05	12.80	12.85	12.90	12.95	13.00
.10	25.60	25.70	25.80	25.90	26.00
4.00	1024.00	1028.00	1032.00	1036.00	1040.00
4.25	1088.00	1092.25	1096.50	1100.75	1105.00
4.50	1152.00	1156.50	1161.00	1165.50	1170.00
4.75	1216.00	1220.75	1225.50	1230.25	1235.00
5.00	1280.00	1285.00	1290.00	1295.00	1300.00
5.25	1344.00	1349.25	1354.50	1359.75	1365.00
5.50	1408.00	1413.50	1419.00	1424.50	1430.00
5.75	1472.00	1477.75	1483.50	1489.25	1495.00
6.00	1536.00	1542.00	1548.00	1554.00	1560.00
6.25	1600.00	1606.25	1612.50	1618.75	1625.00
6.50	1664.00	1670.50	1677.00	1683.50	1690.00
6.75	1728.00	1734.75	1741.50	1748.25	1755.00
7.00	1792.00	1799.00	1806.00	1813.00	1820.00
7.25	1856.00	1863.25	1870.50	1877.75	1885.00

(131)

Price per ton.	261	262	263	264	265
.05	13.05	13.10	13.15	13.20	13.25
.10	26.10	26.20	26.30	26.40	26.50
4.00	1044.00	1048.00	1052.00	1056.00	1060.00
4.25	1109.25	1113.50	1117.75	1122.00	1126.25
4.50	1174.50	1179.00	1183.50	1188.00	1192.50
4.75	1239.75	1244.50	1249.25	1254.00	1258.75
5.00	1305.00	1310.00	1315.00	1320.00	1325.00
5.25	1370.25	1375.50	1380.75	1386.00	1391.25
5.50	1435.50	1441.00	1446.50	1452.00	1457.50
5.75	1500.75	1506.50	1512.25	1518.00	1523.75
6.00	1566.00	1572.00	1578.00	1584.00	1590.00
6.25	1631.25	1637.50	1643.75	1650.00	1656.25
6.50	1696.50	1703.00	1709.50	1716.00	1722.50
6.75	1761.75	1768.50	1775.25	1782.00	1788.75
7.00	1827.00	1834.00	1841.00	1848.00	1855.00
7.25	1892.25	1899.50	1906.75	1914.00	1921.25

Price per ton.	266	267	268	269	270
.05	13.30	13.35	13.40	13.45	13.50
.10	26.60	26.70	26.80	26.90	27.00
4.00	1064.00	1068.00	1072.00	1076.00	1080.00
4.25	1130.50	1134.75	1139.00	1143.25	1147.50
4.50	1197.00	1201.50	1206.00	1210.50	1215.00
4.75	1263.50	1268.25	1273.00	1277.75	1282.50
5.00	1330.00	1335.00	1340.00	1345.00	1350.00
5.25	1396.50	1401.75	1407.00	1412.25	1417.50
5.50	1463.00	1468.50	1474.00	1479.50	1485.00
5.75	1529.50	1535.25	1541.00	1546.75	1552.50
6.00	1596.00	1602.00	1608.00	1614.00	1620.00
6.25	1662.50	1668.75	1675.00	1681.25	1687.50
6.50	1729.00	1735.50	1742.00	1748.50	1755.00
6.75	1795.50	1802.25	1809.00	1815.75	1822.50
7.00	1862.00	1869.00	1876.00	1883.00	1890.00
7.25	1928.50	1935.75	1943.00	1950.25	1957.50

Price per ton.	271	272	273	274	275
.05	13.55	13.60	13.65	13.70	13.75
.10	27.10	27.20	27.30	27.40	27.50
4.00	1084.00	1088.00	1092.00	1096.00	1100.00
4.25	1151.75	1156.00	1160.25	1164.50	1168.75
4.50	1219.50	1224.00	1228.50	1233.00	1237.50
4.75	1287.25	1292.00	1296.75	1301.50	1306.25
5.00	1355.00	1360.00	1365.00	1370.00	1375.00
5.25	1422.75	1428.00	1433.25	1438.50	1443.75
5.50	1490.50	1496.00	1501.50	1507.00	1512.50
5.75	1558.25	1564.00	1569.75	1575.50	1581.25
6.00	1626.00	1632.00	1638.00	1644.00	1650.00
6.25	1693.75	1700.00	1706.25	1712.50	1718.75
6.50	1761.50	1768.00	1774.50	1781.00	1787.50
6.75	1829.25	1836.00	1842.75	1849.50	1856.25
7.00	1897.00	1904.00	1911.00	1918.00	1925.00
7.25	1964.75	1972.00	1979.25	1986.50	1993.75

Price per ton.	276	277	278	279	280
.05	13.80	13.85	13.90	13.95	14.00
.10	27.60	27.70	27.80	27.90	28.00
4.00	1104.00	1108.00	1112.00	1116.00	1120.00
4.25	1173.00	1177.25	1181.50	1185.75	1190.00
4.50	1242.00	1246.50	1251.00	1255.50	1260.00
4.75	1311.00	1315.75	1320.50	1325.25	1330.00
5.00	1380.00	1385.00	1390.00	1395.00	1400.00
5.25	1449.00	1454.25	1459.50	1464.75	1470.00
5.50	1518.00	1523.50	1529.00	1534.50	1540.00
5.75	1587.00	1592.75	1598.50	1604.25	1610.00
6.00	1656.00	1662.00	1668.00	1674.00	1680.00
6.25	1725.00	1731.25	1737.50	1743.75	1750.00
6.50	1794.00	1800.50	1807.00	1813.50	1820.00
6.75	1863.00	1869.75	1876.50	1883.25	1890.00
7.00	1932.00	1939.00	1946.00	1953.00	1960.00
7.25	2001.00	2008.25	2015.50	2022.75	2030.00

(133)

Price per ton.	281	282	283	284	285
.05	14.05	14.10	14.15	14.20	14.25
.10	28.10	28.20	28.30	28.40	28.50
4.00	1124.00	1128.00	1132.00	1136.00	1140.00
4.25	1194.25	1198.50	1202.75	1207.00	1211.25
4.50	1264.50	1269.00	1273.50	1278.00	1282.50
4.75	1334.75	1339.50	1344.25	1349.00	1353.75
5.00	1405.00	1410.00	1415.00	1420.00	1425.00
5.25	1475.25	1480.50	1485.75	1491.00	1496.25
5.50	1545.50	1551.00	1556.50	1562.00	1567.50
5.75	1615.75	1621.50	1627.25	1633.00	1638.75
6.00	1686.00	1692.00	1698.00	1704.00	1710.00
6.25	1756.25	1762.50	1768.75	1775.00	1781.25
6.50	1826.50	1833.00	1839.50	1846.00	1852.50
6.75	1896.75	1903.50	1910.25	1917.00	1923.75
7.00	1967.00	1974.00	1981.00	1988.00	1995.00
7.25	2037.25	2044.50	2051.75	2059.00	2066.25

Price per ton.	286	287	288	289	290
.05	14.30	14.35	14.40	14.45	14.50
.10	28.60	28.70	28.80	28.90	29.00
4.00	1144.00	1148.00	1152.00	1156.00	1160.00
4.25	1215.50	1219.75	1224.00	1228.25	1232.50
4.50	1287.00	1291.50	1296.00	1300.50	1305.00
4.75	1358.50	1363.25	1368.00	1372.75	1377.50
5.00	1430.00	1435.00	1440.00	1445.00	1450.00
5.25	1501.50	1506.75	1512.00	1517.25	1522.50
5.50	1573.00	1578.50	1584.00	1589.50	1595.00
5.75	1644.50	1650.25	1656.00	1661.75	1667.50
6.00	1716.00	1722.00	1728.00	1734.00	1740.00
6.25	1787.50	1793.75	1800.00	1806.25	1812.50
6.50	1859.00	1865.50	1872.00	1878.50	1885.00
6.75	1930.50	1937.25	1944.00	1950.75	1957.50
7.00	2002.00	2009.00	2016.00	2023.00	2030.00
7.25	2073.50	2080.75	2088.00	2095.25	2102.50

Price per ton.	291	292	293	294	295
.05	14.55	14.60	14.65	14.70	14.75
.10	29.10	29.20	29.30	29.40	29.50
4.00	1164.00	1168.00	1172.00	1176.00	1180.00
4.25	1236.75	1241.00	1245.25	1249.50	1253.75
4.50	1309.50	1314.00	1318.50	1323.00	1327.50
4.75	1382.25	1387.00	1391.75	1396.50	1401.25
5.00	1455.00	1460.00	1465.00	1470.00	1475.00
5.25	1527.75	1533.00	1538.25	1543.50	1548.75
5.50	1600.50	1606.00	1611.50	1617.00	1622.50
5.75	1673.25	1679.00	1684.75	1690.50	1696.25
6.00	1746.00	1752.00	1758.00	1764.00	1770.00
6.25	1818.75	1825.00	1831.25	1837.50	1843.75
6.50	1891.50	1898.00	1904.50	1911.00	1917.50
6.75	1964.25	1971.00	1977.75	1984.50	1991.25
7.00	2037.00	2044.00	2051.00	2058.00	2065.00
7.25	2109.75	2117.00	2124.25	2131.50	2138.75

Price per ton.	296	297	298	299	300
.05	14.80	14.85	14.90	14.95	15.00
.10	29.60	29.70	29.80	29.90	30.00
4.00	1184.00	1188.00	1192.00	1196.00	1200.00
4.25	1258.00	1262.25	1266.50	1270.75	1275.00
4.50	1332.00	1336.50	1341.00	1345.50	1350.00
4.75	1406.00	1410.75	1415.50	1420.25	1425.00
5.00	1480.00	1485.00	1490.00	1495.00	1500.00
5.25	1554.00	1559.25	1564.50	1569.75	1575.00
5.50	1628.00	1633.50	1639.00	1644.50	1650.00
5.75	1702.00	1707.75	1713.50	1719.25	1725.00
6.00	1776.00	1782.00	1788.00	1794.00	1800.00
6.25	1850.00	1856.25	1862.50	1868.75	1875.00
6.50	1924.00	1930.50	1937.00	1943.50	1950.00
6.75	1998.00	2004.75	2011.50	2018.25	2025.00
7.00	2072.00	2079.00	2086.00	2093.00	2100.00
7.25	2146.00	2153.25	2160.50	2167.75	2175.00

Table No. 7.

For computation of 1 ton to 100 tons from 7.40 to 10.85.

The figures over the top, 1, 2, 3, 4, 5, &c., denote number of tons.

The figures on the side, .05, .10, 7.50, 7.75, 8.00, &c., denote price per ton.

To ascertain the cost of 1 to 100 tons, at 7.40, 8.40, 9.40, &c.,—7.45, 8.45, 9.45, &c.,—7.55, 8.55, 9.55, &c.,—7.60, 8.60, 9.60, &c., the same rule will be observed as in Table No. 5.

(137)

Price per ton	1	2	3	4	5
.05	.05	.10	.15	.20	.25
.10	.10	.20	.30	.40	.50
7.50	7.50	15.00	22.50	30.00	37.50
7.75	7.75	15.50	23.25	31.00	38.75
8.00	8.00	16.00	24.00	32.00	40.00
8.25	8.25	16.50	24.75	33.00	41.25
8.50	8.50	17.00	25.50	34.00	42.50
8.75	8.75	17.50	26.25	35.00	43.75
9.00	9.00	18.00	27.00	36.00	45.00
9.25	9.25	18.50	27.75	37.00	46.25
9.50	9.50	19.00	28.50	38.00	47.50
9.75	9.75	19.50	29.25	39.00	48.75
10.00	10.00	20.00	30.00	40.00	50.00
10.25	10.25	20.50	30.75	41.00	51.25
10.50	10.50	21.00	31.50	42.00	52.50
10.75	10.75	21.50	32.25	43.00	53.75

Price per ton.	6	7	8	9	10
.05	.30	.35	.40	.45	.50
.10	.60	.70	.80	.90	1.00
7.50	45.00	52.50	60.00	67.50	75.00
7.75	46.50	54.25	62.00	69.75	77.50
8.00	48.00	56.00	64.00	72.00	80.00
8.25	49.50	57.75	66.00	74.25	82.50
8.50	51.00	59.50	68.00	76.50	85.00
8.75	52.50	61.25	70.00	78.75	87.50
9.00	54.00	63.00	72.00	81.00	90.00
9.25	55.50	64.75	74.00	83.25	92.50
9.50	57.00	66.50	76.00	85.50	95.00
9.75	58.50	68.25	78.00	87.75	97.50
10.00	60.00	70.00	80.00	90.00	100.00
10.25	61.50	71.75	82.00	92.25	102.50
10.50	63.00	73.50	84.00	94.50	105.00
10.75	64.50	75.25	86.00	96.75	107.50

Price per ton.	11	12	13	14	15
.05	.55	.60	.65	.70	.75
.10	1.10	1.20	1.30	1.40	1.50
7.50	82.50	90.00	97.50	105.00	112.50
7.75	85.25	93.00	100.75	108.50	116.25
8.00	88.00	96.00	104.00	112.00	120.00
8.25	90.75	99.00	107.25	115.50	123.75
8.50	93.50	102.00	110.50	119.00	127.50
8.75	96.25	105.00	113.75	122.50	131.25
9.00	99.00	108.00	117.00	126.00	135.00
9.25	101.75	111.00	120.25	129.50	138.75
9.50	104.50	114.00	123.50	133.00	142.50
9.75	107.25	117.00	126.75	136.50	146.25
10.00	110.00	120.00	130.00	140.00	150.00
10.25	112.75	123.00	133.25	143.50	153.75
10.50	115.50	126.00	136.50	147.00	157.50
10.75	118.25	129.00	139.75	150.50	161.25

Price per ton.	16	17	18	19	20
.05	.80	.85	.90	.95	1.00
.10	1.60	1.70	1.80	1.90	2.00
7.50	120.00	127.50	135.00	142.50	150.00
7.75	124.00	131.75	139.50	147.25	155.00
8.00	128.00	136.00	144.00	152.00	160.00
8.25	132.00	140.25	148.50	156.75	165.00
8.50	136.00	144.50	153.00	161.50	170.00
8.75	140.00	148.75	157.50	166.25	175.00
9.00	144.00	153.00	162.00	171.00	180.00
9.25	148.00	157.25	166.50	175.75	185.00
9.50	152.00	161.50	171.00	180.50	190.00
9.75	156.00	165.75	175.50	185.25	195.00
10.00	160.00	170.00	180.00	190.00	200.00
10.25	164.00	174.25	184.50	194.75	205.00
10.50	168.00	178.50	189.00	199.50	210.00
10.75	172.00	182.75	193.50	204.25	215.00

Price per ton.	21	22	23	24	25
.05	1.05	1.10	1.15	1.20	1.25
.10	2.10	2.20	2.30	2.40	2.50
7.50	157.50	165.00	172.50	180.00	187.50
7.75	162.75	170.50	178.25	186.00	193.75
8.00	168.00	176.00	184.00	192.00	200.00
8.25	173.25	181.50	189.75	198.00	206.25
8.50	178.50	187.00	195.50	204.00	212.50
8.75	183.75	192.50	201.25	210.00	218.75
9.00	189.00	198.00	207.00	216.00	225.00
9.25	194.25	203.50	212.75	222.00	231.25
9.50	199.50	209.00	218.50	228.00	237.50
9.75	204.75	214.50	224.25	234.00	243.75
10.00	210.00	220.00	230.00	240.00	250.00
10.25	215.25	225.50	235.75	246.00	256.25
10.50	220.50	231.00	241.50	252.00	262.50
10.75	225.75	236.50	247.25	258.00	268.75

Price per ton.	26	27	28	29	30
.05	1.30	1.35	1.40	1.45	1.50
.10	2.60	2.70	2.80	2.90	3.00
7.50	195.00	202.50	210.00	217.50	225.00
7.75	201.50	209.25	217.00	224.75	232.50
8.00	208.00	216.00	224.00	232.00	240.00
8.25	214.50	222.75	231.00	239.25	247.50
8.50	221.00	229.50	238.00	246.50	255.00
8.75	227.50	236.25	245.00	253.75	262.50
9.00	234.00	243.00	252.00	261.00	270.00
9.25	240.50	249.75	259.00	268.25	277.50
9.50	247.00	256.50	266.00	275.50	285.00
9.75	253.50	263.25	273.00	282.75	292.50
10.00	260.00	270.00	280.00	290.00	300.00
10.25	266.50	276.75	287.00	297.25	307.50
10.50	273.00	283.50	294.00	304.50	315.00
10.75	279.50	290.25	301.00	311.75	322.50

Price per ton.	31	32	33	34	35
.05	1.55	1.60	1.65	1.70	1.75
.10	3.10	3.20	3.30	3.40	3.50
7.50	232.50	240.00	247.50	255.00	262.50
7.75	240.25	248.00	255.75	263.50	271.25
8.00	248.00	256.00	264.00	272.00	280.00
8.25	255.75	264.00	272.25	280.50	288.75
8.50	263.50	272.00	280.50	289.00	297.50
8.75	271.25	280.00	288.75	297.50	306.25
9.00	279.00	288.00	297.00	306.00	315.00
9.25	286.75	296.00	305.25	314.50	323.75
9.50	294.50	304.00	313.50	323.00	332.50
9.75	302.25	312.00	321.75	331.50	341.25
10.00	310.00	320.00	330.00	340.00	350.00
10.25	317.75	328.00	338.25	348.50	358.75
10.50	325.50	336.00	346.50	357.00	367.50
10.75	333.25	344.00	354.75	365.50	376.25

Price per ton.	36	37	38	39	40
.05	1.80	1.85	1.90	1.95	2.00
.10	3.60	3.70	3.80	3.90	4.00
7.50	270.00	277.50	285.00	292.50	300.00
7.75	279.00	286.75	294.50	302.25	310.00
8.00	288.00	296.00	304.00	312.00	320.00
8.25	297.00	305.25	313.50	321.75	330.00
8.50	306.00	314.50	323.00	331.50	340.00
8.75	315.00	323.75	332.50	341.25	350.00
9.00	324.00	333.00	342.00	351.00	360.00
9.25	333.00	342.25	351.50	360.75	370.00
9.50	342.00	351.50	361.00	370.50	380.00
9.75	351.00	360.75	370.50	380.25	390.00
10.00	360.00	370.00	380.00	390.00	400.00
10.25	369.00	379.25	389.50	399.75	410.00
10.50	378.00	388.50	399.00	409.50	420.00
10.75	387.00	397.75	408.50	419.25	430.00

Price per ton.	41	42	43	44	45
.05	2.05	2.10	2.15	2.20	2.25
.10	4.10	4.20	4.30	4.40	4.50
7.50	307.50	315.00	322.50	330.00	337.50
7.75	317.75	325.50	333.25	341.00	348.75
8.00	328.00	336.00	344.00	352.00	360.00
8.25	338.25	346.50	354.75	363.00	371.25
8.50	348.50	357.00	365.50	374.00	382.50
8.75	358.75	367.50	376.25	385.00	393.75
9.00	369.00	378.00	387.00	396.00	405.00
9.25	379.25	388.50	397.75	407.00	416.25
9.50	389.50	399.00	408.50	418.00	427.50
9.75	399.75	409.50	419.25	429.00	438.75
10.00	410.00	420.00	430.00	440.00	450.00
10.25	420.25	430.50	440.75	451.00	461.25
10.50	430.50	441.00	451.50	462.00	472.50
10.75	440.75	451.50	462.25	473.00	483.75

Price per ton.	46	47	48	49	50
.05	2.30	2.35	2.40	2.45	2.50
.10	4.60	4.70	4.80	4.90	5.00
7.50	345.00	352.50	360.00	367.50	375.00
7.75	356.50	364.25	372.00	379.75	387.50
8.00	368.00	376.00	384.00	392.00	400.00
8.25	379.50	387.75	396.00	404.25	412.50
8.50	391.00	399.50	408.00	416.50	425.00
8.75	402.50	411.25	420.00	428.75	437.50
9.00	414.00	423.00	432.00	441.00	450.00
9.25	425.50	434.75	444.00	453.25	462.50
9.50	437.00	446.50	456.00	465.50	475.00
9.75	448.50	458.25	468.00	477.75	487.50
10.00	460.00	470.00	480.00	490.00	500.00
10.25	471.50	481.75	492.00	502.25	512.50
10.50	483.00	493.50	504.00	514.50	525.00
10.75	494.50	505.25	516.00	526.75	537.50

(142)

Price per ton.	51	52	53	54	55
.05	2.55	2.60	2.65	2.70	2.75
.10	5.10	5.20	5.30	5.40	5.50
7.50	382.50	390.00	397.50	405.00	412.50
7.75	395.25	403.00	410.75	418.50	426.25
8.00	408.00	416.00	424.00	432.00	440.00
8.25	420.75	429.00	437.25	445.50	453.75
8.50	433.50	442.00	450.50	459.00	467.50
8.75	446.25	455.00	463.75	472.50	481.25
9.00	459.00	468.00	477.00	486.00	495.00
9.25	471.75	481.00	490.25	499.50	508.75
9.50	484.50	494.00	503.50	513.00	522.50
9.75	497.25	507.00	516.75	526.50	536.25
10.00	510.00	520.00	530.00	540.00	550.00
10.25	522.75	533.00	543.25	553.50	563.75
10.50	535.50	546.00	556.50	567.00	577.50
10.75	548.25	559.00	569.75	580.50	591.25

Price per ton.	56	57	58	59	60
.05	2.80	2.85	2.90	2.95	3.00
.10	5.60	5.70	5.80	5.90	6.00
7.50	420.00	427.50	435.00	442.50	450.00
7.75	434.00	441.75	449.50	457.25	465.00
8.00	448.00	456.00	464.00	472.00	480.00
8.25	462.00	470.25	478.50	486.75	495.00
8.50	476.00	484.50	493.00	501.50	510.00
8.75	490.00	498.75	507.50	516.25	525.00
9.00	504.00	513.00	522.00	531.00	540.00
9.25	518.00	527.25	536.50	545.75	555.00
9.50	532.00	541.50	551.00	560.50	570.00
9.75	546.00	555.75	565.50	575.25	585.00
10.00	560.00	570.00	580.00	590.00	600.00
10.25	574.00	584.25	594.50	604.75	615.00
10.50	588.00	598.50	609.00	619.50	630.00
10.75	602.00	612.75	623.50	634.25	645.00

(143)

Price per ton.	61	62	63	64	65
.05	3.05	3.10	3.15	3.20	3.25
.10	6.10	6.20	6.30	6.40	6.50
7.50	457.50	465.00	472.50	480.00	487.50
7.75	472.75	480.50	488.25	496.00	503.75
8.00	488.00	496.00	504.00	512.00	520.00
8.25	503.25	511.50	519.75	528.00	536.25
8.50	518.50	527.00	535.50	544.00	552.50
8.75	533.75	542.50	551.25	560.00	568.75
9.00	549.00	558.00	567.00	576.00	585.00
9.25	564.25	573.50	582.75	592.00	601.25
9.50	579.50	589.00	598.50	608.00	617.50
9.75	594.75	604.50	614.25	624.00	633.75
10.00	610.00	620.00	630.00	640.00	650.00
10.25	625.25	635.50	645.75	656.00	666.25
10.50	640.50	651.00	661.50	672.00	682.50
10.75	655.75	666.50	677.25	688.00	698.75

Price per ton.	66	67	68	69	70
.05	3.30	3.35	3.40	3.45	3.50
.10	6.60	6.70	6.80	6.90	7.00
7.50	495.00	502.50	510.00	517.50	525.00
7.75	511.50	519.25	527.00	534.75	542.50
8.00	528.00	536.00	544.00	552.00	560.00
8.25	544.50	552.75	561.00	569.25	577.50
8.50	561.00	569.50	578.00	586.50	595.00
8.75	577.50	586.25	595.00	603.75	612.50
9.00	594.00	603.00	612.00	621.00	630.00
9.25	610.50	619.75	629.00	638.25	647.50
9.50	627.00	636.50	646.00	655.50	665.00
9.75	643.50	653.25	663.00	672.75	682.50
10.00	660.00	670.00	680.00	690.00	700.00
10.25	676.50	686.75	697.00	707.25	717.50
10.50	693.00	703.50	714.00	724.50	735.00
10.75	709.50	720.25	731.00	741.75	752.50

(144)

Price per ton.	71	72	73	74	75
.05	3.55	3.60	3.65	3.70	3.75
.10	7.10	7.20	7.30	7.40	7.50
7.50	532.50	540.00	547.50	555.00	562.50
7.75	550.25	558.00	565.75	573.50	581.25
8.00	568.00	576.00	584.00	592.00	600.00
8.25	585.75	594.00	602.25	610.50	618.75
8.50	603.50	612.00	620.50	629.00	637.50
8.75	621.25	630.00	638.75	647.50	656.25
9.00	639.00	648.00	657.00	666.00	675.00
9.25	656.75	666.00	675.25	684.50	693.75
9.50	674.50	684.00	693.50	703.00	712.50
9.75	692.25	702.00	711.75	721.50	731.25
10.00	710.00	720.00	730.00	740.00	750.00
10.25	727.75	738.00	748.25	758.50	768.75
10.50	745.50	756.00	766.50	777.00	787.50
10.75	763.25	774.00	784.75	795.50	806.25

Price per ton.	76	77	78	79	80
.05	3.80	3.85	3.90	3.95	4.00
.10	7.60	7.70	7.80	7.90	8.00
7.50	570.00	577.50	585.00	592.50	600.00
7.75	589.00	596.75	604.50	612.25	620.00
8.00	608.00	616.00	624.00	632.00	640.00
8.25	627.00	635.25	643.50	651.75	660.00
8.50	646.00	654.50	663.00	671.50	680.00
8.75	665.00	673.75	682.50	691.25	700.00
9.00	684.00	693.00	702.00	711.00	720.00
9.25	703.00	712.25	721.50	730.75	740.00
9.50	722.00	731.50	741.00	750.50	760.00
9.75	741.00	750.75	760.50	770.25	780.00
10.00	760.00	770.00	780.00	790.00	800.00
10.25	779.00	789.25	799.50	809.75	820.00
10.50	798.00	808.50	819.00	829.50	840.00
10.75	817.00	827.75	838.50	849.25	860.00

(145)

Price per ton.	81	82	83	84	85
.05	4.05	4.10	4.15	4.20	4.25
.10	8.10	8.20	8.30	8.40	8.50
7.50	607.50	615.00	622.50	630.00	637.50
7.75	627.75	635.50	643.25	651.00	658.75
8.00	648.00	656.00	664.00	672.00	680.00
8.25	668.25	676.50	684.75	693.00	701.25
8.50	688.50	697.00	705.50	714.00	722.50
8.75	708.75	717.50	726.25	735.00	743.75
9.00	729.00	738.00	747.00	756.00	765.00
9.25	749.25	758.50	767.75	777.00	786.25
9.50	769.50	779.00	788.50	798.00	807.50
9.75	789.75	799.50	809.25	819.00	828.75
10.00	810.00	820.00	830.00	840.00	850.00
10.25	830.25	840.50	850.75	861.00	871.25
10.50	850.50	861.00	871.50	882.00	892.50
10.75	870.75	881.50	892.25	903.00	913.75

Price per ton.	86	87	88	89	90
.05	4.30	4.35	4.40	4.45	4.50
.10	8.60	8.70	8.80	8.90	9.00
7.50	645.00	652.50	660.00	667.50	675.00
7.75	666.50	674.25	682.00	689.75	697.50
8.00	688.00	696.00	704.00	712.00	720.00
8.25	709.50	717.75	726.00	734.25	742.50
8.50	731.00	739.50	748.00	756.50	765.00
8.75	752.50	761.25	770.00	778.75	787.50
9.00	774.00	783.00	792.00	801.00	810.00
9.25	795.50	804.75	814.00	823.25	832.50
9.50	817.00	826.50	836.00	845.50	855.00
9.75	838.50	848.25	858.00	867.75	877.50
10.00	860.00	870.00	880.00	890.00	900.00
10.25	881.50	891.75	902.00	912.25	922.50
10.50	903.00	913.50	924.00	934.50	945.00
10.75	924.50	935.25	946.00	956.75	967.50

Price per ton.	91	92	93	94	95
.05	4.55	4.60	4.65	4.70	4.75
.10	9.10	9.20	9.30	9.40	9.50
7.50	682.50	690.00	697.50	705.00	712.50
7.75	705.25	713.00	720.75	728.50	736.25
8.00	728.00	736.00	744.00	752.00	760.00
8.25	750.75	759.00	767.25	775.50	783.75
8.50	773.50	782.00	790.50	799.00	807.50
8.75	796.25	805.00	813.75	822.50	831.25
9.00	819.00	828.00	837.00	846.00	855.00
9.25	841.75	851.00	860.25	869.50	878.75
9.50	864.50	874.00	883.50	893.00	902.50
9.75	887.25	897.00	906.75	916.50	926.25
10.00	910.00	920.00	930.00	940.00	950.00
10.25	932.75	943.00	953.25	963.50	973.75
10.50	955.50	966.00	976.50	987.00	997.50
10.75	978.25	989.00	999.75	1010.50	1021.25

Price per ton.	96	97	98	99	100
.05	4.80	4.85	4.90	4.95	5.00
.10	9.60	9.70	9.80	9.90	10.00
7.50	720.00	727.50	735.00	742.50	750.00
7.75	744.00	751.75	759.50	767.25	775.00
8.00	768.00	776.00	784.00	792.00	800.00
8.25	792.00	800.25	808.50	816.75	825.00
8.50	816.00	824.50	833.00	841.50	850.00
8.75	840.00	848.75	857.50	866.25	875.00
9.00	864.00	873.00	882.00	891.00	900.00
9.25	888.00	897.25	906.50	915.75	925.00
9.50	912.00	921.50	931.00	940.50	950.00
9.75	936.00	945.75	955.50	965.25	975.00
10.00	960.00	970.00	980.00	990.00	1000.00
10.25	984.00	994.25	1004.50	1014.75	1025.00
10.50	1008.00	1018.50	1029.00	1039.50	1050.00
10.75	1032.00	1042.75	1053.50	1064.25	1075.00

Advertising Department.

HERRING'S
PATENT
SAFES!

Fire Proof!   Thief Proof!   Damp Proof!

Awarded the Highest Prize Medal at the World's Fairs, London, New York and Paris, and

Winner of the Wager of Thirty Thousand Francs,

At the late international contest. Nearly

40,000 HERRING'S SAFES

Have been sold, and are now in actual use, and they have saved their contents in over SIX HUNDRED ACCIDENTAL FIRES.

HERRING, FARRELL & SHERMAN, 251 Broadway, cor. Murray St., New York.

FARRELL, HERRING & CO., Philadelphia.

HERRING & CO., Chicago.

HERRING, FARRELL & SHERMAN, New Orleans.

FAIRBANKS'

(COAL DEALERS' SCALE.)

Standard Scales.

RAILROAD, HAY, COAL,
Platform, Counter, etc.

PRICES REDUCED.

FAIRBANKS & CO.,
252 Broadway, New York.

FAIRBANKS, BROWN & CO.,
118 Milk Street, Boston.

CHARLES ATWATER & CO.,

DEALERS IN

Bar, Pig and Sheet

IRON,

TIN PLATES, METALS,

ETC.,   ETC.,   ETC.

MANUFACTURERS OF

IRON WIRE,

130 STATE STREET,

New Haven, Conn.

G. F. PETERSON,

47 State Street, - New Haven, Conn.

(Sheffield Block,)

MANUFACTURERS' AGENT AND DEALER IN

Paints, Oils, Brushes,

VARNISH,

Dye Stuffs, Acids, Chemicals, &c.,

—ALSO,—

English and French-Plate-Window and Picture Glass.

ORNAMENTAL AND COLORED GLASS.

Artists' Materials

OF ALL DESCRIPTIONS.

H. W. BENEDICT & CO.,

DEALERS IN ALL KINDS OF

Coal & Wood

—ALSO,—

New Castle and Cannel,

AND THE BEST DESCRIPTIONS OF

American Gas Coals.

OFFICES:

217 State St., and 112 East Water St.,

CORNER BREWERY STREET,

NEW HAVEN, CONN.

H. W. BENEDICT.   G. W. L. BENEDICT.

BENEDICT, PARDEE & CO.,

WHOLESALE DEALERS IN AND SHIPPERS OF

By the Cargo or Car Load.

Office: 217 State Street,

NEW HAVEN, CONN.

Vessels Furnished

FOR

Coal & General Freight.

H. H. BENEDICT.   F. W. PARDEE.   H. W. BENEDICT.

J. R. BROWN & CO.,
Boiler Makers, Engineers,
STEAM AND GAS FITTERS,

295 State Street, - - New Haven, Conn.

Patent Hot Water Boiler
For Heating Green-Houses, Graperies, etc.

J. R. BROWN'S PATENT STEAM PIPE
FOR EXHAUST OR DIRECT STEAM.

The attention of those interested in warming Factories and Public Buildings with Steam is called to our Patent Steam Pipe for this purpose. Its advantages are that it can be put up complete for less than one-half the cost of Wrought or Cast Iron Pipe now used for this purpose, and is equally as durable, and the joints are so made that they will not leak under any circumstances, the pipe being thin makes an excellent radiator.

We make a specialty of heating Green Houses and Graperies with Hot Water by the above Boiler, which is the best and most economical one in use.

Steam Boilers,

OF ALL DESCRIPTIONS MADE TO ORDER,

And we have on hand a large variety of STEAM ENGINES and BOILERS and STEAM PUMPS, both Second Hand and New ones.

Factories, Hotels and Dwelling Houses,

Fitted up with STEAM, WATER AND GAS at Short Notice, and work warranted.

Copper and Brass Lift and Force Pumps,
BOILER AND AIR PUMPS,

Of our own manufacture, always on hand.

STEAM AND GAS PIPES,

And all kinds of FITTINGS for same, including Steam and Water Guages, Fire and Damper Regulators, Globe, Angle and Check Valves at the lowest market rates.

BATH TUBS, WATER CLOSETS, BOILERS, SHEET LEAD, and LEAD PIPES

Always on hand, and Dwelling Houses and Hotels fitted up with PLUMBING in the very best manner.

We have an Apparatus for burning lead by Hydrogen Gas, and are prepared to do all kinds of burning, such as Oil Tanks, Sulphuric Acid Chambers, etc.

J. R. BROWN & CO.,

295 State Street, - - NEW HAVEN, CONN.

NEW HAVEN
STEAM SAW MILL COMPANY,

MANUFACTURERS OF AND WHOLESALE DEALERS IN

OAK, WHITE AND SOUTHERN PINE
TIMBER,

ALSO,

Southern Pine Flooring, Step Plank,

CAR TIMBER, ETC.

Office and Mill at the Foot of Chapel Street,

NEW HAVEN, CONN.

Coal Dealers can be supplied with a very superior quality of Cart Wheels at reasonable prices.

I. ANDERSON, Agent and Treasurer.

H. W. STOW, Pres't.   T. F. BOOTH, Sec'y.

DURHAM, BOOTH & WOOSTER,

Carriage Manufacturers,

55, 57 & 59 Chapel, cor. Hamilton St.,

NEW HAVEN, CONN.

A LARGE ASSORTMENT OF

Carriages & Harness

ALWAYS ON HAND.

P. C. DURHAM.   D. BOOTH.   C. B. WOOSTER.

GILBERT, BENNETT & CO.,

273 Pearl Street,

NEW YORK,

MANUFACTURERS OF

HEAVY
Coal Screens.

3-16 inch Mesh Screening Brick Maker's Dust.
1-4 inch Mesh Screening Pea Coal.
3-8 inch Mesh Screening Chestnut Coal.
1-2 inch Mesh Screening Stove Coal.
5-8 inch Mesh Screening Coarse Stove Coal.
3-4 inch Mesh Screening Egg Coal.

Manufactory at Georgetown, Conn.

(161)

E. L. KENYON,

DEALER IN

HORSES,

OF ALL DESCRIPTIONS,

HARTFORD, CONN.

We take pleasure in recommending Mr. Kenyon's establishment as decidedly THE place to buy a good horse at a reasonable price, as we have purchased a number of him within the past five years.

H. W. BENEDICT & CO.

217 STATE STREET, NEW HAVEN.

R. G. RUSSELL,

Architect & Building Superintendent,

No. 334 CHAPEL STREET,

NEW HAVEN, CONN.

JOHN G. CHAPMAN,

DEALER IN

FLOUR,

FEED, GRAIN AND HAY,

No. 230 State Street, and 193 Long Wharf,

NEW HAVEN, CONN.

Sole Agent for New Haven County for Starin's Renovator and Cure-All for Horses and Cattle, and Bradley's X L Super-Phosphate of Lime.
BAKER'S CELEBRATED HOOF LINIMENT.

www.ingramcontent.com/pod-product-compliance
Lightning Source LLC
Chambersburg PA
CBHW030252170426
43202CB00009B/715